中国资产管理市场

时代担当　关键一跃　信义为本　践行使命

2021

光大理财有限责任公司　◎ 编著
波士顿咨询公司

中国金融出版社

责任编辑：丁　芊
责任校对：李俊英
责任印制：张也男

图书在版编目(CIP)数据

中国资产管理市场. 2021 / 光大理财有限责任公司，波士顿咨询公司编著. —北京：中国金融出版社，2022.7

ISBN 978-7-5220-1587-3

Ⅰ.①中… Ⅱ.①光…②波… Ⅲ.①资产管理—研究报告—中国—2021　Ⅳ.①F832

中国版本图书馆CIP数据核字 (2022) 第053688号

中国资产管理市场2021
ZHONGGUO ZICHAN GUANLI SHICHANG 2021

出版 发行	中国金融出版社
社址	北京市丰台区益泽路2号
市场开发部	(010) 66024766，63805472，63439533 (传真)
网 上 书 店	www.cfph.cn
	(010) 66024766，63372837 (传真)
读者服务部	(010) 66070833，62568380
邮编	100071
经销	新华书店
印刷	北京侨友印刷有限公司
尺寸	210毫米×285毫米
印张	6.75
字数	150千
版次	2022年7月第1版
印次	2022年7月第1次印刷
定价	90.00元
ISBN	978-7-5220-1587-3

如出现印装错误本社负责调换　联系电话 (010) 63263947

过万里山，踏千重浪

——《中国资产管理市场 2021》点评

  七年时光征途漫漫。自2015年以来，连续七年，光大理财有限责任公司和波士顿咨询公司执着发扬工匠精神，深刻洞察行业发展，客观评估机构变化，全面总结市场运行，记录着中国资管行业的成长之路。今年他们又发布了最新力作，全面回顾了2021年资管行业的发展，系统分析了资管行业助力实体经济转型的作用，着重阐述了资管行业实现高质量发展的"四大一跃"。本报告秉承了一贯的国际视野，对比了中外资管产品体系的异同，对我们认识和把握中国资管行业在全球的定位很有参考意义。

  正如本报告指出的，回首2021年，在错综复杂的经济金融形势下，资管行业按照资管新规等制度确立的监管框架，告别野蛮生长，遏制无序扩张，坚决回归本源，坚持规范发展，助力科技创新、绿色双碳、居民养老、共同富裕等关键领域和核心环节，平稳度过了"纠错期"。截至2021年末，中国个人金融资产超过220万亿元人民币，已成为全球第二大财富管理市场。中等收入群体超过4亿人，对财富保值增值存在巨大刚需。

  2022年，资管行业又将经历极不平凡的一年。国际国内环境出现超预期变化，俄乌冲突的黑天鹅风险惊扰世界经济复苏，美联储政策转向的灰犀牛风险疾驰而来，全球经济金融发展进入低增长、高通胀、高风险时期，中国面临的输入性风险骤增。进入3月后，中国经济发展面临的需求收缩、供给冲击、预期转弱三重压力更为突出，经济下行压力进一步加大，经济风险与金融风险交织，金融市场预期不稳、波动加剧，各地区、各部门、各行业都须全力做好应对。

越是艰难，越要坚定信念。百年变局之下，在加快构建新发展格局的过程中，中国经济社会处于结构转型升级的重要关口，金融业面临新挑战、新机遇和新要求，需要大力推进供给侧结构性改革，为高质量发展提供有力支撑。资管行业践行以人民为中心，更要以坚定的决心和行动，坚持规范和发展并重，勇于拥抱变化，努力修炼内功，在大力支持实体经济、满足广大人民群众需求的同时，追求和实现自身价值。

2022年4月，新冠肺炎疫情还没消退，春天的阳光雨露已经苏醒。回首过往每一步，岁月静好值得分外珍惜，那些市井长巷，店铺林立，人世间的烟火气，是我们生生不息的家园，是我们继续过万里山、踏千重浪的勇气和力量。

国务院金融委办公室秘书局局长

陶 玲

2022年4月25日

前言

我们连续七年关注中国资产管理市场，洞察行业生态变化，2022年是第七次发布行业报告。

2021年是资管新规过渡期的收官之年，意味着资管行业"供给侧结构性改革"的阶段性结束，资管行业站在一个新的制度起点再出发。资管行业整体规模攀升至新高134万亿元，同比增速达11%，重回两位数增长。机构端分化加剧，销售端"四化"转型，资金端结构稳定，产品端持续创新，资产端愈发多元。

正值中国经济向高质量发展转型的关键时期，我们认为中国资管行业此刻也急需完成自身高质量发展的"关键一跃"。回顾20世纪60年代中期发达经济体开始的实体经济转型升级史，我们发现高水平的资本市场和资产管理行业在其中发挥了核心作用。当下，中国实体经济也正从改革开放后头四十年的高速增长迈向新的多元重构阶段，前路上重大而艰巨的经济结构转型升级任务，正呼唤一个更加强大有力的中国资管行业出现。

因此，在本报告中，我们梳理了中国资管机构在使命、模式、能力、科技四大跃升领域内需重点回答好的十大问题，并着重对部分问题的"答题思路"展开深入研讨，以启发全行业参与者共同思考如何跃过眼前种种必须征服的"坎"，回应实体经济发展对于高水平资管行业的迫切呼唤。

- 如何以信义为本，创造客户价值？在第4章，我们将聚焦中国资管行业如何践行"投资者利益优先"的信义义务，建立利益分配、信息披露与评价、监管与托管三大关键机制，推进客户导向的销售服务、产品设计、投资者教育三类业务抓手。

- 如何助力实体经济转型，创造社会价值？在第5章，我们将探讨中国资管行业如何促进高水平科技自立自强，助力"双碳"目标顺利实现，加速养老体系建设，推动全社会共同富裕。

目 录

1. 历史新高：提速换挡，2021 年中国资管市场重返两位数增长

1.1 全市场：增长加速，历史新高　　　　　　　　　　　　　1
1.2 机构端：转型深入，分化加剧　　　　　　　　　　　　　2
1.3 资金端：结构稳定，零售主导　　　　　　　　　　　　　10
1.4 渠道端："四化"叠加，格局重塑　　　　　　　　　　　　11
1.5 产品端：多点开花，创新升级　　　　　　　　　　　　　13
1.6 资产端：投资多元，融入实体　　　　　　　　　　　　　16

专题一：从资管新规收官看监管体系演进　　　　　　　　　18

2. 时代担当：中国经济高质量发展需要一个强大的资产管理市场

2.1 理论基础：直接融资促高质量发展，资管成为直接融资中枢　　23
2.2 观往知来：资管助力实体经济转型，资管重塑金融体系格局　　24
2.3 回看中国：迈入高质量发展新时代，呼唤资管行业大幅跃升　　27

3. 关键一跃：四大领域十问，洞悉中国资管高质量发展路径

3.1 固本正源：使命的一跃　　　　　　　　　　　　　　　　30
3.2 拥抱变化：模式的一跃　　　　　　　　　　　　　　　　31
3.3 修炼内功：能力的一跃　　　　　　　　　　　　　　　　34
3.4 夯实基础：科技的一跃　　　　　　　　　　　　　　　　37

专题二：中外资管行业及产品体系对比　　　　　　　　　　39

4. 信义为本：对投资者负责，创造客户价值

4.1 问题揭示：投资者收益低于基金净值走势　　　　　　　　48
4.2 核心宗旨：贯彻信义义务，融入流程文化　　　　　　　　50
4.3 三大机制：避免利益冲突，促进规范透明　　　　　　　　52

4.4 三大抓手：紧贴客户需求，培育理性投资　　　　　　　　　　　60

  专题三：资管行业人才与激励体系如何支持长期导向、客户导向　　　65

5. 践行使命：助力实体经济，创造社会价值

  5.1 科技自强：加强业务模式创新，推动科技自立自强　　　　　　69
  5.2 "双碳"承诺：创新产品建设能力，助力"双碳"长潮大浪　　　72
  5.3 共同富裕：抓住机遇做大蛋糕，协调分配切好蛋糕　　　　　　74
  5.4 养老体系：把握二三支柱机遇，建设完备养老体系　　　　　　76

  专题四：资管机构如何赋能实体经济发展　　　　　　　　　　　　79
  专题五：海外养老体系良好实践　　　　　　　　　　　　　　　　82

附录　　　　　　　　　　　　　　　　　　　　　　　　　　　　91

1. 历史新高：提速换挡，2021年中国资管市场重返两位数增长

1.1 全市场：增长加速，历史新高

图1-1　2021年中国资管行业提速换挡，资管新规后首次实现两位数增长，规模达134万亿元，创历史新高

(资料来源：《中国银行业理财市场年度报告（2021年）》；中国信托业协会；中国保险资产管理业协会，部分保险资管公司年报；中国证券投资基金业协会)

历时三年半的资管新规过渡期正式落下帷幕，中国资管行业在经历转型后破茧成蝶，迎来连续三年加速增长。截至2021年末，市场总规模较2020年末增长11%，资管新规出台后第一次实现两位数增速，达到134万亿元人民币，创下历史新高（参见图1-1）。

资管新规出台后中国资管市场规模持续攀升，进一步确认了中国资产管理行业已经由此前的整改规范和转型阵痛期迈向高质量发展的新阶段。

资管行业规模的快速增长主要得益于公募基金规模持续爆发、迎来全方位高质量发展，以

及银行理财、保险资管、私募基金和期货资管的稳步增长，上述子行业①规模在2021年合计增长达15.8万亿元。

1.2 机构端：转型深入，分化加剧

1.2.1 机构竞争格局：规模涨跌互现，行业分化加剧

2021年中国各类资管子行业规模涨跌整体沿袭2020年趋势。公募基金、私募基金和期货资管规模保持高速增长，同比增长24%、20%和62%，不断提升在整体资管行业中的占比。银行理财和保险资管规模同比增长12%，与行业平均水平接近。券商资管、信托和基金子公司仍处在深化转型阶段，同比降幅分别为4%、8%和32%，在整体资管行业中的占比进一步下降（参见图1-2）。

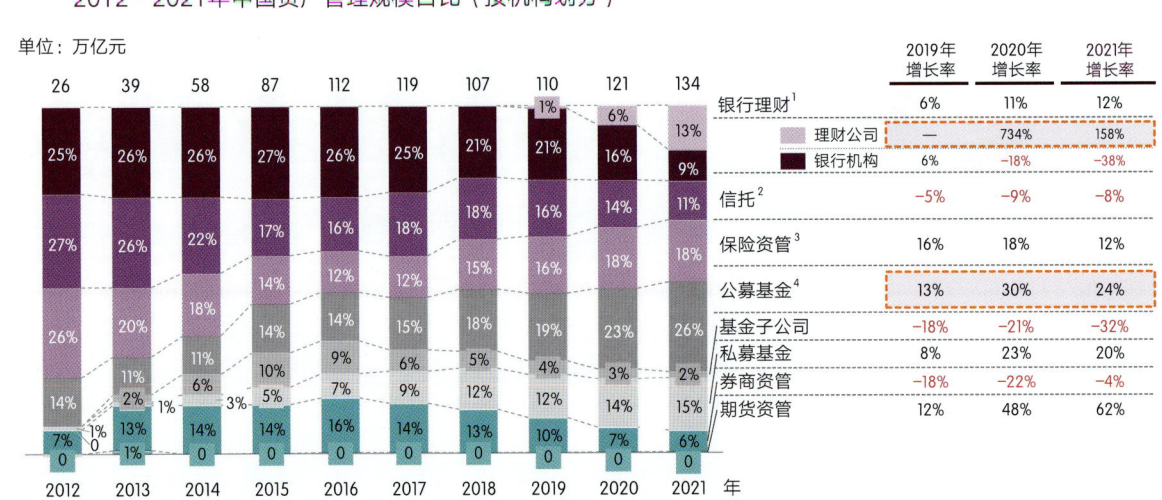

注：图中百分比代表每一类别的规模占中国资管规模的比例。
1. 从2019年起，银行理财规模中不再包含保本理财；从2019年起，银行理财规模中包含理财子公司存续规模。
2. 剔除"管理财产信托"规模。
3. 2021年32家保险资管公司（即取得保险资管公司牌照）的资产管理规模为20万亿元，同比增长12%；其他经营保险资产管理业务的机构资产管理规模根据2020年中国保险资产管理业协会披露数据，按照12%的同比增速估算。
4. 包含公募基金的公募（25.6万亿元）、公募基金公司管理的私募资管计划（5.07万亿元）和公募基金公司管理的养老金（3.96万亿元），各年度统计口径一致。

图1-2　2021年理财公司跃居银行理财主力，公募基金保持高速增长

（资料来源：《中国银行业理财市场年度报告（2021年）》；中国信托业协会；中国保险资产管理业协会，公司年报；中国证券投资基金业协会）

- **公募基金**：保持高速增长，确立第一大资管子行业领先地位

尽管2021年A股市场经历起伏，公募基金仍延续此前爆发式增长态势，较2020年末增长

---

① 此处包含银行理财、公募基金、保险资管、私募基金和期货资管。

24%，总规模达34.59万亿元。继2020年首次超越银行理财总规模成为第一大资管行业后，公募基金行业2021年进一步提升大资管市场份额，占比达到26%。在新发基金方面，2021全年基金发行数量创下历年新高，达1907只，推动中国公募基金总数量突破9000只。在产品结构方面，权益类基金增长动能不减，规模在市场波动中逆势同比增长34%，达8.63万亿元，占比为38%；债券型基金规模同比增长50%，达4.10万亿元，占比为18%；伴随中国资本市场对外开放步伐不断加快，QDII型基金规模同比增长近85%，达0.24万亿元；货币型基金由于收益率持续压降，规模同比仅增长18%，达9.46万亿元，规模占比降至42%。在产品创新方面，2021年市场中公募REITs、FOF-LOF、同业存单指数基金、持有期短债基金、北交所主题基金等创新产品不断涌现。①

• **银行理财：规模增长提速，理财子公司跃居主力**

截至2021年末，银行理财市场规模同比增长12%，而过去两年同比增速分别为11%、6%。2021年末行业总规模达到29万亿元，已基本恢复到资管新规出台前水平。一是整改基本完成，银行理财子公司跃居主力。保本理财产品实现清零，净值型理财产品规模占比达93%。理财公司产品规模同比增长158%，金额为17.19万亿元，达到整体银行理财份额的60%，标志着理财公司正式占据银行理财市场主体地位。②在获批数量方面，截至2021年末，共29家理财公司获批，其中4家为外资控股的合资理财公司；在产品创设方面，理财公司在发挥原有固定收益类投资优势的基础上，推出了包括ESG理财、养老理财、公募REITs理财等一系列创新产品，进一步丰富理财产品供给。未来，我们预计银行理财业内各类市场主体间将进一步分化，呈现各擅胜场、差异化竞争的市场格局，从而推动行业长期向好发展。二是监管持续深化。一方面，监管部门先后发布《关于规范现金管理类理财产品管理有关事项的通知》（以下简称现金管理新规）、银行理财估值方法窗口指导、《资产管理产品相关会计处理规定（征求意见稿）》（以下简称资管产品会计处理规定），持续推进资管产品净值化转型，推动资管行业统一监管。另一方面，2021年12月发布的《理财公司理财产品流动性风险管理办法》进一步强化理财公司流动性风险管理。

• **信托：规模持续下滑，回归本源转型持续深化**

截至2021年末，资金信托规模为15.01万亿元，同比下降8%。监管部门大力推动信托行业"两压一降"③"回归本源"，提升主动管理能力和标准化资产管理能力。此外，银保监会先后就风险资产处置、信托公司非金融子公司、信托公司异地部门发布相关政策，全面推动信托行业转型发展。在监管部门推动下，2021年信托行业在资金端、产品端、资产端结构发生显著变化。在资金端，通道业务继续压降，单一资金信托规模同比下降28%。在产品端，事务管理类信托规模持续收缩，其中通道信托加速压降，服务信托则快速增长；主动管理类业务规模提升，其中

---

① 中国证券投资基金业协会。数据截至2021年12月31日。
② 《中国银行业理财市场年度报告（2021年）》。数据截至2021年12月31日。
③ 即继续压降信托通道以及违规融资类业务规模，加大对表内外风险资产的处置。

融资类信托持续下滑，投资类信托继续增长。在资产端，一是信托行业转型标准化资产投资初见成效，证券投资类信托规模占比持续提升，首次成为仅次于工商企业的投向；二是在支持实体经济发展的使命下，投向工商企业的信托规模占比稳步上升；三是在政策管控下，投向基础产业、房地产及金融机构的信托资产占比持续回落。[1]信托行业转型之路仍处在探索期。尽管行业转型已经取得进展，但信托公司在传统存量业务转型和风险化解、标品投资等增量业务能力构建上都面临巨大挑战，机构的战略选择和表现也愈加分化，行业回归本源之路道阻且长。

- **券商资管：规模降幅大幅收窄，行业转型深化，加速公募化**

截至2021年末，证券行业资产管理业务规模为8.24万亿元[2]，同比下降4%，与前两年20%左右的降幅相比大幅收窄。过去一年券商资管继续深化转型。2021年通道业务规模持续压降，证券公司单一资产管理计划规模较2020年末大幅压降32%，金额为4.4万亿元。[3]行业主动管理规模排名前20位的机构主动管理规模占比均达到50%以上，其中6家占比更是达到90%以上。[4]20家机构合计主动管理规模较2020年增长52%[5]。头部公司加速公募化布局。目前共有15家证券公司和券商资管获得公募基金牌照；在大集合产品公募化改造方面，截至2021年末已有约140只[6]大集合产品完成了公募化改造。

- **保险资管：行业稳步增长，业务布局扩展**

2021年虽然保险行业负债端承压，但保险资管行业规模依然实现稳步增长，截至2021年末，保险资管总规模同比增长12%，金额为23.95万亿元。[7]多项监管举措促进保险资管机构发展。在产品发行制度方面，银保监会发布通知将保险资管产品的发行制度由注册制改为登记制；在资金投向方面，监管部门正式允许保险资金投资公募REITs，并放宽保险资金投资股权投资基金的相关限制等；在股东结构和公司治理方面，监管部门拟放开外资股东控股比例上限。随着保险资管经营范围的持续扩展，未来保险资管行业将积极竞逐第三方资金，大力布局财富管理业务，进一步拓展非上市股权和实物资产投资。

---

[1] 中国信托业协会。
[2] 中国证券投资基金业协会。此处为"证券公司及其子公司私募资产管理业务规模"，不含证券公司管理的养老金。
[3] 中国证券投资基金业协会。
[4] 中国证券投资基金业协会。此处为2021年第四季度"证券公司私募主动管理资产月均规模前20家"月均主动管理规模占证券公司月均私募资产管理规模之比。
[5] 中国证券投资基金业协会。统计2020年第四季度、2021年第四季度"证券公司私募主动管理资产月均规模前20家"月均主动管理规模之和，由此得出年度增长率为52%。
[6] Wind。
[7] 2021年32家保险资管公司（即取得保险资管公司牌照）的资产管理规模为20万亿元，同比增长12%；其他经营保险资产管理业务的机构资产管理规模根据2020年中国保险资产管理业协会披露数据，按照12%的同比增速估算。

- **私募基金：规模保持高速增长，马太效应凸显**

  截至2021年末，全市场存续超过12.4万只私募基金，存续规模突破20万亿元大关，同比增长20%。私募证券投资基金得益于权益类产品吸引力增强以及中国高净值人群财富快速增长，2021年规模大幅扩张，较2020年末增长47%至6.31万亿元。私募基金行业的马太效应愈发明显，头部基金管理人在资金募集以及优质项目获取方面的优势进一步显现。私募股权投资基金以及创业投资基金同样实现规模增长，其中创业投资基金同比增速高达40%。监管部门出台多项政策支持私募股权及创投基金发展，例如大幅降低保险资金投资私募股权基金门槛，以及银保监会《关于银行业保险业支持高水平科技自立自强的指导意见》支持各类资管机构出资创投基金等。[①]

- **期货资管：增长势头强劲，规模占比依旧较低**

  2021年中国期货资管市场量价齐升。截至2021年末，期货资管产品数量共1726只，规模同比增长62%，产品规模3549亿元，体量仍然很小。[②]

- **外资资管机构：全方位布局中国市场**

  在公募基金方面，2021年成为中国外资公募元年，首家外资独资基金公司（FMC）于6月获得中国证监会颁发的业务许可证，并成功发行了首只外资公募基金产品。此外，富达（Fidelity）、路博迈（Neuberger Berman）等公司的公募牌照申请相继获批。在银行理财方面，交银理财与施罗德（Schroders）、工银理财与高盛（Goldman Sachs）合资成立的外资控股的合资理财公司相继获批。在保险资管方面，2021年7月业内首家外资独资保险资管公司正式获批。在私募基金方面，11月首家百亿元级外资私募正式诞生。外资资管机构相继进入中国市场，将在发展战略、投研体系、产品创新、风险管理、科技能力以及ESG理念等多方面为中国资管行业带来宝贵经验与领先实践。监管持续推动资管行业对外开放，但外资资管经营仍面临多重挑战。在跨境投资上，2021年9月"跨境理财通"正式启动试点，拓宽了投资者跨境投资通道。在展业范围方面，2021年10月证监会发布《关于合格境外机构投资者和人民币合格境外机构投资者参与金融衍生品交易的公告》，允许QFII和RQFII参与商品期货、商品期权、股指期权合约三类金融衍生品的交易，进一步加大金融开放力度，提升中国市场的国际吸引力。在市场准入方面，2021年12月发布的《保险资产管理公司管理规定（征求意见稿）》中取消了外资保险公司对保险资管机构的持股比例上限。与此同时，外资资管机构在市场进入和业务发展方面仍面临多重困难与挑战。在机构设立阶段，牌照申请条件和审批流程方面仍有提升空间；在推进业务发展的过程中，新产品设立、跨境投资额度和信息监管等方面均在一定程度上影响外资资管机构充分发挥

---

① 中国证券投资基金业协会。
② 中国证券投资基金业协会。

国际化投研能力和跨市场资产配置优势。其中，在筑牢信息安全防线的前提下，进一步细化相关法规，加强对资产管理行业的具体指引，精细化相关数据分类和监管要求，将有助于外资资管机构更好地满足自身合规和风控要求，同时加速其领先的全球化投研和资产配置能力的引入。

表1-1　2021年和2022年第一季度资管行业主要监管举措列表

主题或适用机构	时间	发布机构与政策	监管目的	主要内容
资管新规配套	2021年6月11日	中国银保监会、中国人民银行：《关于规范现金管理类理财产品管理有关事项的通知》	作为资管新规、理财新规的细化举措，规范现金管理类产品运作，拉平与货币市场基金的监管要求	明确现金管理产品投资范围和投资集中度，加强流动性管理和杠杆管控要求，细化现金管理类产品"摊余成本+影子定价"的估值核算要求，设置过渡期至2022年末
资管新规配套	2021年9月30日	财政部：《资产管理产品相关会计处理规定（征求意见稿）》	作为资管新规的细化举措，统一资管产品的会计处理方法，进一步推动净值化转型	通过明确资管产品相关会计处理总体要求，进一步收紧摊余成本法的使用空间
银行理财	2021年5月27日	中国银保监会：《理财公司理财产品销售管理暂行办法》	规范理财产品销售机构行为，强化投资者适当性管理，促进银行理财净值化转型	不允许除理财公司和吸收公众存款的银行业金融机构外的其他机构销售理财产品；进一步规范业绩展示标准，防止变相宣传预期收益率
银行理财	2021年12月17日	中国银保监会：《理财公司理财产品流动性风险管理办法》	相比征求意见稿，进一步提升可操作性，规范理财产品流动性管理	从投资范围、申赎管理、估值、风险隔离等维度进行规范，控制巨额赎回对理财产品的负面影响，避免极端市场条件下估值偏差损害投资者利益，同时防范理财产品流动性风险传染
公募基金	2022年2月21日	中国证监会：《重要货币市场基金监管暂行规定（征求意见稿）》	提升基金管理人抗风险能力，确保流动性，防范系统性风险	明确重要货币市场基金的定义以及附加监管要求，要求基金管理人建立重要货币市场基金的风险防控和监督管理机制
基金销售与基金投顾	2021年11月3日	北京证监局、上海证监局、广东证监局：《关于规范基金投资建议活动的通知》	规范基金投顾业务发展，保护投资者利益	界定基金投顾与销售业务界限，明确提供基金投资组合策略建议活动为基金投资顾问业务，并明确整改时限

续表

主题或适用机构	时间	发布机构与政策	监管目的	主要内容
基金销售与基金投顾	2021年11月5日	中国证券投资基金业协会:《公开募集证券投资基金投资顾问服务协议内容与格式指引(征求意见稿)》《公开募集证券投资基金投资顾问服务风险揭示书内容与格式指引(征求意见稿)》	统一基金投顾业务流程,促进投顾业务健康发展	明确基金投顾服务方式、内容、费用与税收等方面的相关要求及准则,要求就基金投顾服务可能存在的风险进行说明
基金销售与基金投顾	2021年11月18日	中国证券投资基金业协会:《公开募集证券投资基金投资顾问服务业绩及客户资产展示指引(征求意见稿)》	围绕业绩展示、客户资产展示两方面规范基金投顾业务发展,促进投顾业务健康发展	投顾机构在展示策略的收益率等回报指标的同时,也应披露波动率、最大回撤、夏普比率等风险指标,且不得进行基金投资组合策略表现指标排名和规模排名
基金销售与基金投顾	2021年12月31日	中国人民银行、工信部、国家网信办、银保监会、证监会、外汇局、知识产权局:《金融产品网络营销管理办法(征求意见稿)》	深入治理金融产品网络营销,进一步规范金融产品销售	明确金融产品网络营销宣传内容和行为的具体规范,要求金融机构作为业务主体承担对营销合作行为的管理责任
私募基金	2021年1月8日	中国证监会:《关于加强私募投资基金监管的若干规定》	作为首个专门针对私募基金行业监管的规范性文件,防范并化解业内风险,保障私募基金行业规范发展	规范私募基金管理人名称、经营范围;优化对集团化私募基金管理人监管;重申私募基金应当向合格投资者非公开募集;明确私募基金财产投资要求;强化私募基金管理人及从业人员等主体规范要求,规范开展关联交易;明确法律责任和过渡期安排
信托	2021年7月30日	中国银保监会:《中国银保监会办公厅关于清理规范信托公司非金融子公司业务的通知》	治理信托公司非金融子公司,防范化解金融风险,促进信托业转型发展	以"压缩层级、规范业务"为主要思路,加强信托公司境内一级非金融子公司管控,明确清理规范工作安排
信托	2021年9月30日	中国银保监会:《关于整顿信托公司异地部门有关事项的通知(征求意见稿)》	降低信托公司经营风险	明确信托公司不得在注册地以外设有异地管理总部

续表

主题或适用机构	时间	发布机构与政策	监管目的	主要内容
保险资管	2021年9月28日	中国银保监会：《关于资产支持计划和保险私募基金登记有关事项的通知》	进一步规范产品发行，提升产品发行效率	保险资产管理机构发行资产支持计划和保险私募基金，由注册制改为登记制
保险资管	2021年12月10日	中国银保监会：《保险资产管理公司管理规定（征求意见稿）》	完善保险资管监管框架，促进保险资管公司发展	优化股东结构，取消外资保险公司持股比例上限；强化公司治理、风险管理；优化经营原则及相关要求；增补监管手段和违规约束
保险资管	2021年12月17日	中国银保监会：《中国银保监会关于修改保险资金运用领域部分规范性文件的通知》	规范保险资金运用，引导保险资金服务实体经济	放宽保险资金对股权投资基金的投资限制，增设投资于非标准化金融产品和不动产资产的比例限制
对外开放	2021年9月10日	中国人民银行广州分行、中国人民银行深圳市中心支行、中国银保监会广东监管局、中国银保监会深圳监管局、中国证监会广东监管局、中国证监会深圳监管局：《粤港澳大湾区"跨境理财通"业务试点实施细则》	标志着"跨境理财通"业务试点正式启动，进一步拓宽内地和港澳跨境投资渠道	实行资金闭环管理，分别对"南向通"和"北向通"明确监管细则
对外开放	2021年10月13日	中国证监会：《关于合格境外机构投资者和人民币合格境外机构投资者参与金融衍生品交易的公告》	提升资管行业国际影响力	新增允许合格境外投资者交易国务院或中国证监会批准设立的期货交易场所上市交易的商品期货、商品期权、股指期权合约，参与股指期权的交易目的限于套期保值交易

资料来源：BCG分析。

1.2.2 头部机构排名：全球排名有待提升，行业集中度基本稳定

与全球领先资管机构相比，中国资管机构仍有一定差距（参见图1-3）。按金融集团总资管规模计算，中国总资产管理规模最大的金融集团规模约为5.3万亿元，假设参与国际机构IPE全球资管机构排名，可排至27名左右，尚未进入全球前20名；按单一机构资管规模计算，IPE全球资管机构排名中收录的前十大中国资管机构排名进入前120名，但整体排名依然较低，最高仅排38名。

单位：万亿元

2021年全球资管机构规模排名

排名	公司	AUM[1]
1	贝莱德	58.5
2	先锋领航	48.9
3	富达	25.1
4	道富集团	23.4
5	资本集团	16.1
…	…	…
26	保德信固定收益	6.5
27	法国巴黎银行	5.1

以金融集团整体资管规模计算，中国总资产管理规模最大的金融集团规模约为5.3万亿元，假如列入本排名，则全球排27名

2021年全球排名领先的10家中国资管机构

排名	公司	AUM[1]
38	国寿资产	4.2
49	平安资管	3.9
66	工商银行	2.8
73	招商银行	2.5
83	易方达基金	2.1
87	泰康资产	2.1
103	华夏基金	1.6
106	博时基金	1.6
112	天弘基金	1.5
114	工银瑞信	1.4

注：IPE根据各机构2020年末AUM排名。
1. 欧元人民币汇率参考2020年12月31日中国外汇交易中心人民币对欧元汇率中间价8.025。数据截至2020年12月31日。

图1-3 中国头部资管机构排名较国际领先水平仍有差距

（资料来源：IPE、BCG分析）

资管各细分子行业集中度涨跌不一（参见图1-4）。信托、券商资管、公募基金非货币、基金子公司行业集中度均有不同程度的提升，银行理财、公募基金专户行业集中度则出现下降。从短期来看，公募、理财公司等资管子行业伴随外资开放等监管举措持续扩容，将分流现有机构份额。处在高速增长期和转型期的行业也更可能出现竞争格局洗牌。但参照海外市场历史经验，从中长期来看中国资管行业头部集中度仍有较大提升空间。

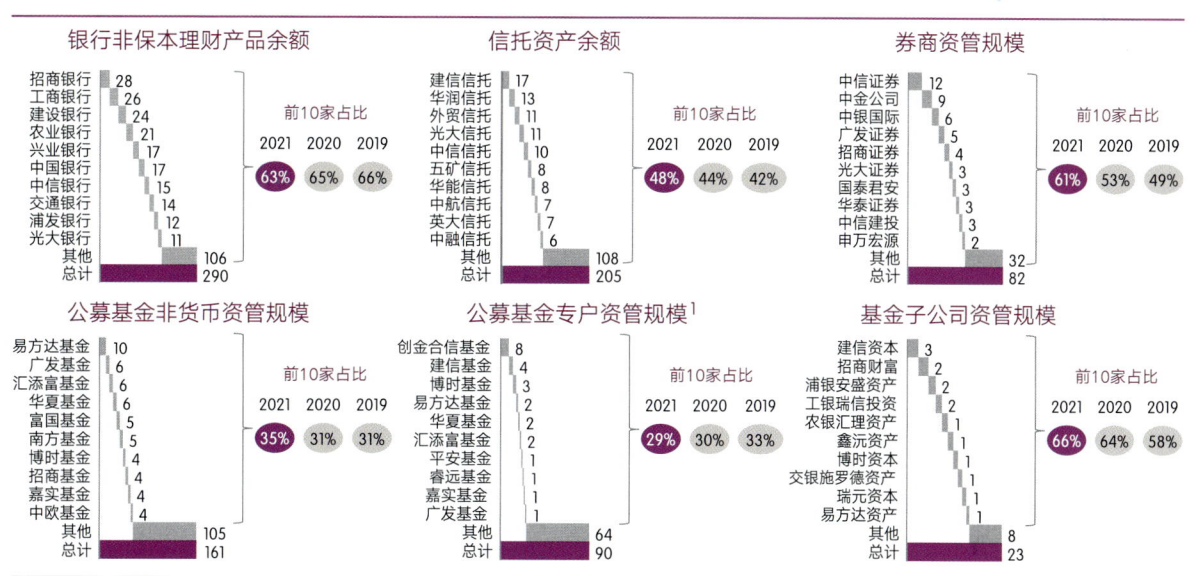

注：排名统计时，券商资管、公募基金非货币、公募基金专户、基金子公司采用各公司月均规模，其余行业采用各公司年底规模。
1. 此处采用中国证券投资基金业协会披露的基金管理公司私募资产管理月均规模，不含基金管理公司管理的养老金。

图1-4 2021年中国资产管理市场各细分子行业集中度变化

（资料来源：公司年报、中国信托登记有限责任公司、中国证券投资基金业协会、Wind、案头研究、BCG分析）

1.3 资金端：结构稳定，零售主导

2021年中国资管行业资金端结构保持稳定（参见图1-5）。零售以及各类机构资金均实现增长。具体来看，零售资金受居民财富再配置的需求驱动，持续稳定增长，贡献56%[1]的资金；在机构资金中，养老金在国家大力推动养老体系建设的背景下保持高速增长；随着理财业务的发展升级，银行资金推动委外需求。

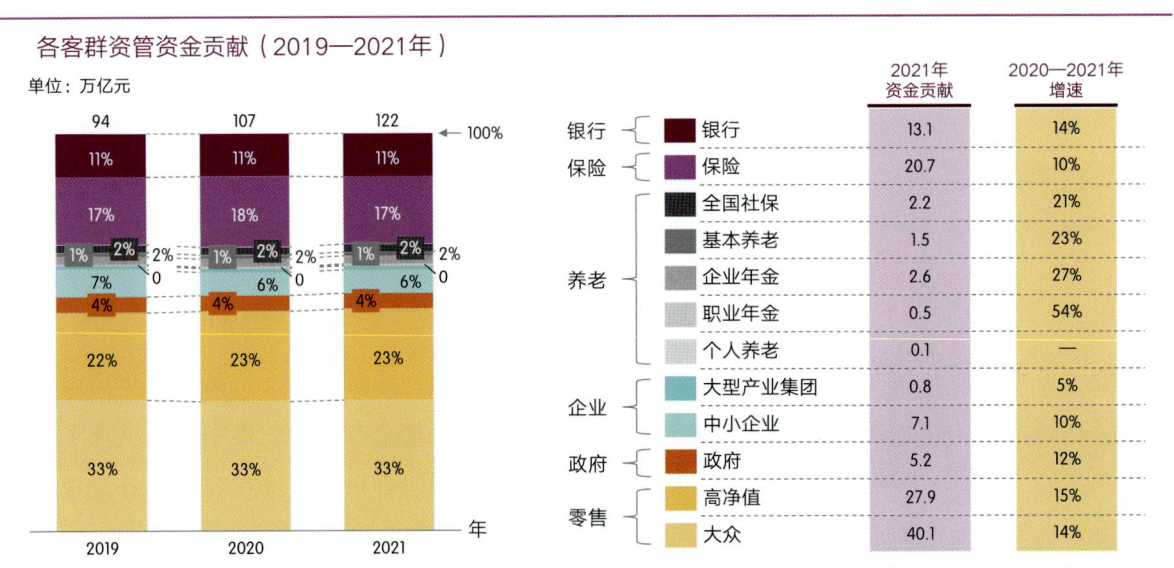

图1-5 资金端：整体稳步增长，结构保持稳定，零售资金占比达56%

（资料来源：BCG2021年中国资产管理市场模型、BCG分析）

零售资金稳步增长，居民金融财富配置提升。2021年，零售资金整体规模达68万亿元，较2020年同比增长14%。[2]伴随人均GDP突破12000美元、监管环境变化、客户教育深化等，人们的投资方向正从以房地产为主转向更加丰富的金融资产；投资理念从短期交易逐步向长期投资、价值投资演变；投资目标也从单纯财务收益演变为养老、教育等综合生活目标，更多居民理性长钱将进入资产管理市场。

银行资金继续快速流入，全年增速达14%。2021年，银行为资产管理行业贡献13.1万亿元资金。[3]这主要是由于银行理财快速发展并扩充产品线，通过FOF、MOM等形式配置权益类资产的需求日益旺盛，预计这一规模未来将持续增长。

---

[1] BCG2021年中国资产管理市场模型。
[2] BCG2021年中国资产管理市场模型。
[3] BCG2021年中国资产管理市场模型。

养老资金持续高速增长，愈发成为资管市场重要资金来源。2021年，养老金总体资金规模达14万亿元[①]，其中委托外部投资管理的规模达6.9万亿元[②]，同比增长27%，与2020年增速25%接近，延续高速增长态势。第一支柱基本养老保险基金2021年收入超过支出，拉动累计结存上涨，委托投资资产规模预计达到1.5万亿元。[③]第二支柱中企业年金覆盖不断完善，建立企业数增加12300余家，惠及职工增加约158万人，驱动委托投资资产规模上升至2.6万亿元；[④]同时职业年金也迎来高速发展，委托投资资产规模预计达1.3万亿元。[⑤]第三支柱中养老理财产品等新型个人商业养老产品仍处于试点阶段，整体规模仍待进一步提升。

1.4 渠道端："四化"叠加，格局重塑

监管政策、数字化趋势、财富管理转型推动资管渠道端格局重塑。2021年渠道端在三大驱动因素推动下加速演进。首先，监管进一步明确和规范各类分销机构定位。例如，以诺亚为代表的独立三方理财机构加速牌照和业务调整，银行理财产品尚难以在线上三方平台销售。此外，监管持续强化销售适当性管理，推动投顾业务，梳理私募产品代销办法等。随着相关政策的持续推出，预计将在中长期深刻影响资管市场整体格局。其次，数字化进程持续加速。各类资管机构和财富机构持续大力布局和升级数字化渠道和数字化能力。最后，财富管理转型持续深化。银行、券商、信托、保险等卖方机构均在战略性投入财富管理业务，推动"以产品销售为驱动"的卖方销售模式向着"以客户服务为中心"的投顾模式转型。与此同时，资管机构也结合投顾产品和基金投顾牌照，探索直销渠道建设以及新的客户服务方式。

在三大驱动因素推动下，中国资产管理行业渠道端正经历线上化、开放化、投顾化、规范化四大演化趋势。

---

① 全国社会保障基金理事会、人力资源和社会保障部等。
② BCG2021年中国资产管理市场模型。
③ BCG2021年中国资产管理市场模型。
④ 人力资源和社会保障部。
⑤ BCG2021年中国资产管理市场模型。

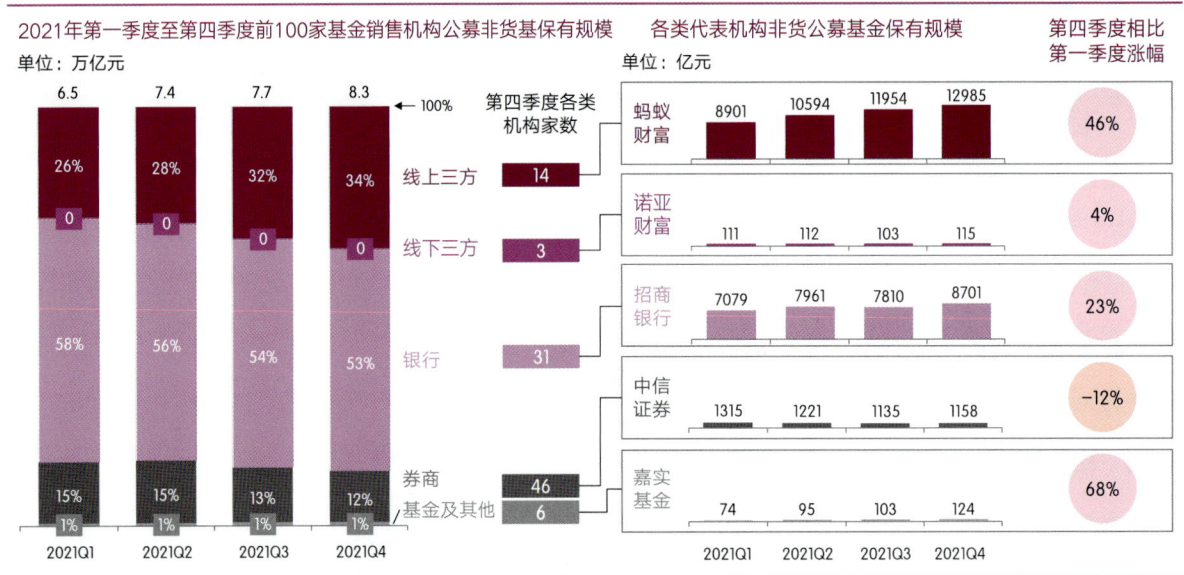

图1-6　互联网三方和领先银行引领线上化加速发展

（资料来源：中国证券投资基金业协会、BCG分析）

第一，互联网三方和领先银行引领线上化加速发展。线上化加速的标志性事件之一是线上三方平台超越银行成为第一大非货公募基金代销机构。我们对中国证券投资基金业协会公布的代销机构公募基金销售保有规模100强进行分析（参见图1-6）。以蚂蚁财富为代表的线上平台份额占比快速提升，从年初的26%上升至年末的34%。银行渠道占比持续下降，但占比仍超过53%。此外，部分领先公募基金亦在持续推进线上化直销渠道布局。

第二，开放化程度加大，但各机构定位不同、策略各异。开放化的标志性事件之一是领先的股份制银行代销其他银行理财产品。随着财富管理转型持续升级，部分领先财富机构致力于打造以客户为中心的开放化财富管理平台。在银行理财代销市场，领先股份制银行率先打破国有控股大型商业银行以本行理财产品销售为主的模式，积极推动银行理财跨行代销。其他银行快速跟进，但不同银行的开放程度和代销定位有差异。有的银行通过跨行代销补充产品短板，强化交叉销售以及提升客户服务能力；有的银行借助跨行代销实现现金管理产品的产品创新和收益优化。开放化无疑对于集团化的资管机构商业模式提出变革需求，加剧市场化竞争，但从全市场的角度看，最终将更好地满足客户需求。

第三，投顾化是大势所趋，但监管框架尚待明确，商业模式仍在探索。基金投顾试点持续推进，监管细则不断明晰。2021年11月，北京、上海、广东证监局发布《关于规范基金投资建议活动的通知》，明确提供基金投资组合策略建议活动为基金投资顾问业务。2021年11月，中国证券投资基金业协会先后就基金投顾业务的服务协议内容与格式、服务风险揭示书内容与格式以及服务业绩及客户资产展示发布相关业务指引，从多方面明确与细化了基金投顾统一的业务规范。但与此同时，银行体系的投顾业务的监管框架尚待明确。另外，尽管各家证券公司和基金公司积极布局基金投顾业务，但仍处于探索阶段，对于目标客户、收费模式、投顾团队管理等关键商业模式议题尚未形成领先成功实践案例。

第四，销售规范化警钟长鸣，监管框架不断完善。2021年监管部门从多方面规范销售，旨在更好地保护投资者合法权益，促进资管行业健康发展。一是首次公布基金保有量规模，引导渠道回归"为投资者负责"之本源。2021年5月，中国证监会、中国证券投资基金业协会首次公布销售机构公募基金销售保有规模数据，未来每季度更新，由此引导销售渠道关注保有额而非交易额，遏制渠道端鼓励投资者频繁申赎。二是继续加强产品销售监管，强化投资者适当性管理。2021年5月中国银保监会发布《理财公司理财产品销售管理暂行办法》，明确规定不允许除理财公司和吸收公众存款的银行业金融机构外的其他机构销售理财产品，禁止变相宣传预期收益率，并规定了销售机构的适当性义务。此外，监管部门还发布《资产管理产品介绍要素》以标准化规范约束资管产品销售，以及《金融产品网络营销管理办法（征求意见稿）》用于整治互联网销售不规范现象。

1.5 产品端：多点开花，创新升级

伴随着资管行业转型的逐步深入，2021年资管产品端多点开花、产品创新层出不穷。"固收+"、股票型ETF、现金管理类和FOF基金规模快速扩张；养老理财、公募REITs和ESG产品陆续推出，进一步丰富了中国资管市场的产品供给（参见图1-7）。

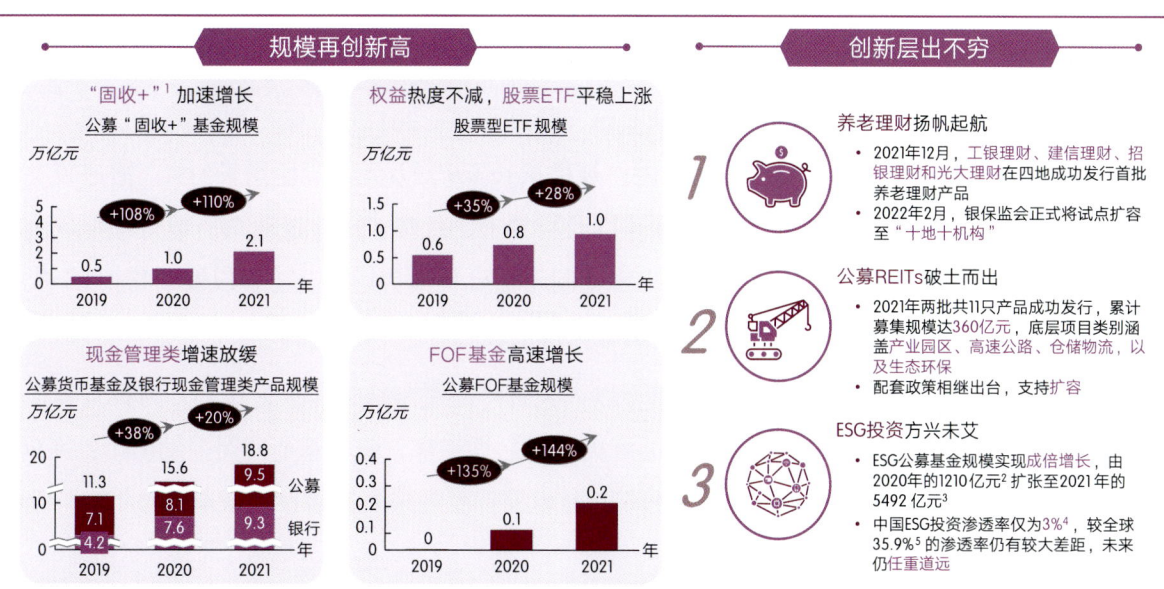

注：1. "固收+"基金包括偏债混合型基金、混合债券型一级基金、混合债券型二级基金。
2. 数据截至2020年9月30日。
3. 数据截至2021年10月30日。
4. 统计ESG公募基金规模（5492亿元）占非货币公募基金总规模（16万亿元）的比例。
5. 根据GSIA统计口径，GSIA对ESG投资有广泛的定义，ESG资产是指采用七种ESG投资策略之一的资产；主要市场包括欧洲、美国、加拿大、日本、大洋洲，数据截至2020年初（日本市场除外）。

图1-7 产品端：多点开花，创新引领

（资料来源：中国证券投资基金业协会；《中国银行业理财市场年度报告（2021年）》；Wind；中国责任投资论坛，《2020年中国责任投资年度报告》；Global Sustainable Investment Alliance (GSIA), 2020 Global Sustainable Investment Review；BCG分析）

"固收+"产品稳健低波，广受追捧。2021年，在利率下行以及市场行情结构性分化，叠加资管新规逐步落地、银行理财净值化转型的多重因素驱动下，"固收+"产品因其追求绝对收益、收益稳健且低波动的特点广受市场追捧，产品规模及数量迎来爆发。分机构来看，公募基金积极布局"固收+"基金，2021年总规模达2.11万亿元[1]，较2020年增长111%；在银行理财中，"固收+"产品渐成主流，截至2021年12月，理财公司发行的"固收+"产品累计4594只，占理财公司发行产品数量的42%。[2]我们预计未来"固收+"产品将继续保持高速增长，"固收+"产品作为传统银行理财产品的替代，将逐步承接从预期收益型理财、信托产品转型过程中流出的稳健投资需求，发展空间广阔。

权益产品吸引力不减，股票ETF规模平稳增长，产品数量激增。2021年，权益类产品继续维持此前的热度，股票型基金规模较2020年末同比增长25%，金额为2.58万亿元。[3]在被动投资方面，规模上，截至2021年末，股票型ETF总规模达9629亿元，同比增长28%，增速平稳。产品数量上，2021年全年新发行股票型ETF数量创下历史之最，达287只，超越2020年与2019年新发数量之和[4]，合计发行规模1726亿元。其中，新发基金数量主要集中在行业主题型ETF，全年新增数量达205只，主要是由于以宽基ETF为代表的存量ETF市场马太效应显现，公募基金公司纷纷选择提前铺设冷门行业赛道抢占市场份额。与此同时，新发基金日趋同质化，新发股票型ETF平均发行规模明显回落，由2020年的12亿元大幅缩减至2021年的6亿元。产品创新上，增强型ETF、双创50ETF、恒生科技ETF、MSCI中国A50互联互通ETF等产品陆续扬帆起航，此外，ETF或将纳入互联互通机制，这一系列创新均为海内外投资者提供了更多便捷的投资工具。[5]

现金管理类[6]产品规模继续增长，增速放缓，货基承压。2021年，银行理财现金管理类产品在现金管理新规正式落地后的整改过渡期内，规模增长至9.29万元，同比增长23%，增速较上年同期减少42个百分点。[7]由于银行理财在渠道以及场景上的优势，预计过渡期后银行理财现金管理类产品仍将保持较高吸引力。我们预计未来受制于重要货币市场基金监管以及"货币+"类现金管理工具[8]的替代效应，货币基金规模增速将保持放缓趋势。

FOF基金高速增长，未来可期。FOF基金以大类资产配置与基金优选为核心，为投资者提供"以客户为中心"、全面满足客户投资目标的解决方案。近年来，公募基金公司主动出击抢滩FOF市场，2021年在市场结构化行情催化下，公募FOF规模首度迎来高速增长。截至2021年末，全市

---

[1] Wind。"固收+"基金包括偏债混合型基金、混合债券型一级基金、混合债券型二级基金。
[2] 南财理财通。
[3] 中国证券投资基金业协会。
[4] 2020年和2019年新发行股票型ETF数量分别为81只和85只。
[5] Wind。
[6] 包含银行现金管理类产品以及公募货币基金。
[7] 《中国银行业理财市场年度报告（2021年）》。
[8] 超短债基金和存单指数基金。

场共240只FOF基金，规模合计达2222亿元，较2020年末增长144%；全年42家机构新发行FOF基金86只，合计发行规模突破千亿元，达1065亿元。产品类别上，以稳健为特征的偏债混合型FOF规模占比最大，达61%；而满足投资者养老需求的目标日期型FOF规模占比则不足8%。产品创新上，2021年FOF-LOF破土而出，为FOF基金持有人提供额外流动性；QDII-FOF-LOF产品的诞生则为国内投资者配置海外市场提供了全新选择。我们预计未来两大因素将共同推动FOF基金持续扩容，一是在买方投顾转型及投资者教育持续推进下，资产配置理念将渐入人心；二是中国加快养老第三支柱建设进程，目标日期型FOF有望承接投资者逐步释放的养老投资需求。[①]

养老理财扬帆起航，助力第三支柱建设。2021年9月，中国银保监会发布《关于开展养老理财产品试点的通知》，开启养老理财产品在"四地四机构"的试点。由于首批试点产品市场反响良好，2022年2月中国银保监会发布《关于扩大养老理财产品试点范围的通知》，将养老理财试点扩展至"十地十机构"；并针对首批已开展试点的四家机构，将单家机构养老理财产品募集资金总规模上限上调至500亿元人民币。养老理财产品以普惠性、长期性和稳健收益为特点，不仅丰富了中国养老体系第三支柱金融产品供给，助力第三支柱建设；而且养老金作为"长钱"，将促进中国资本市场的健康平稳发展，助力经济高质量发展。针对资管行业助力养老体系建设，我们将在本报告第5章中做进一步阐述。

公募REITs破土而出，配套政策支持扩容。2021年内，两批共11只公募REITs正式公开发行，标志着公募REITs在资本市场破土而出，填补了中国金融产品类别上的空白。公募REITs产品认购火爆，得到市场广泛追捧，2021年累计募集规模达360亿元[②]，底层项目类别涵盖产业园区、高速公路、仓储物流以及生态环保。在此基础上，相关部门先后发布配套政策进一步推动公募REITs扩容。在底层项目方面，2021年7月，国家发展和改革委员会发布《关于进一步做好基础设施领域不动产投资信托基金（REITs）试点工作的通知》，进一步拓展基础资产范围，新增清洁能源、保障性租赁住房、自然文化遗产、旅游基础设施等。在参与投资的资金方面，2021年11月，中国银保监会下发《保险资金投资公开募集基础设施证券投资基金有关事项的通知》，允许险资投资公募REITs，增添资金来源。在税收优惠政策方面，2022年1月，财政部、国家税务总局联合发布《关于基础设施领域不动产投资信托基金（REITs）试点税收政策的公告》，正式出台公募REITs配套税收优惠政策，进一步鼓励企业参与公募REITs试点。在扩募规则方面，2022年3月，中国证监会发布《深入推进公募REITs试点 进一步促进投融资良性循环》，其中提出相关部门目前正在研究制定公募REITs扩募机制，从而支持公募REITs扩充。

"双碳"目标引领，ESG产品任重道远。在"双碳"目标引领下，"双碳"主题及ESG投资快速发展。在公募基金中，2021年ESG公募基金数量呈爆发式增长，由2020年末的140只扩容至

---

① Wind。
② Wind。

344只[1]；ESG公募基金规模同样实现成倍增长，由2020年的1210亿元[2]扩张至5492亿元[3]。银行理财等其他类型的资管机构亦在积极探索ESG投资。然而，中国ESG投资仍处在发展早期阶段，中国ESG投资渗透率仅为3%[4]，较全球35.9%[5]的渗透率仍有较大差距，且多数ESG产品尚未经过认证。未来亟须ESG生态体系中的各方共同努力，推动ESG投资的长期向好发展。

1.6 资产端：投资多元，融入实体

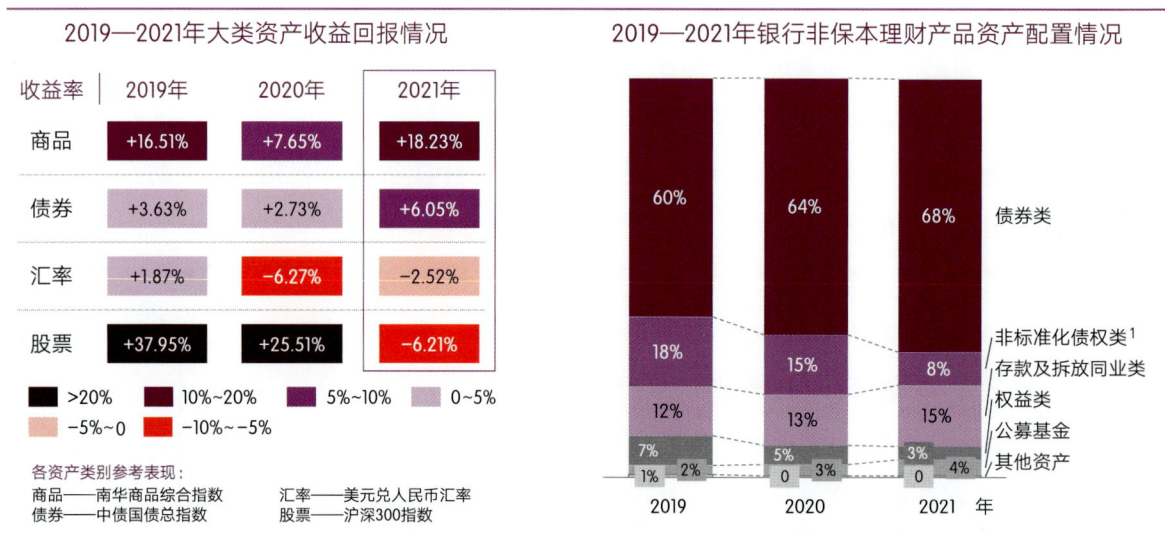

图1-8 资产端：投资多元，融入实体

（资料来源：Wind；《中国银行业理财市场年度报告（2021年）》、BCG分析）

从大类资产回报情况看，2021年全球流动性充裕，但紧缩预期增强，股市波动加大，大宗商品价格上涨，A股分化加剧，港股明显下跌（参见图1-8）。一是工业品再通胀，全年大类资产中大宗商品表现最好，南华工业品指数全年上涨22.8%，而布伦特原油则以52.2%的涨幅领跑主流资产。权益资产中周期板块也显著走强，中信周期风格指数全年上涨22.9%。二是权益类资产收益回落，全年A股市场呈现先扬后抑，沪深300指数从2月开始一路呈现震荡下行的趋势，全年下跌约6.2%。中国基金（加权）总指数平均收益率为6.7%，首次低于Wind全A指数的9.2%，

---

[1] 中国责任投资论坛：《2021年中国责任投资年度报告》。数据截至2021年10月30日，基金数量未按合并份额统计。
[2] 中国责任投资论坛：《2020年中国责任投资年度报告》。数据截至2020年9月30日。
[3] 中国责任投资论坛：《2021年中国责任投资年度报告》。数据截至2021年10月30日。
[4] 中国责任投资论坛：《2021年中国责任投资年度报告》、中国证券投资基金业协会。统计ESG公募基金规模（5492亿元）占非货币公募基金总规模（16万亿元）的比例。
[5] Global Sustainable Investment Alliance (GSIA), 2020 Global Sustainable Investment Review。根据GSIA统计口径，GSIA对ESG投资有广泛的定义，ESG资产是指采用七种ESG投资策略之一的资产，主要市场包括欧洲、美国、加拿大、日本、大洋洲，数据截至2020年初（日本市场除外）。

其中股票型基金总指数平均收益为8.0%，混合型基金为8.4%，债券型基金为4.8%，货币型基金为2.2%。公募基金公司净利润7132.9亿元，水平较上年大幅下降64.3%，但仍处于近十年中第三名的高位水平。其中，风险较低的债券基金和货币基金表现出了较优的"赚钱效应"，合计贡献62.40%的净利润，较上年大幅提高47个百分点，而2020年赚钱效应表现最优的混合基金和股票基金贡献度由82.4%下降到42.3%。三是中美货币政策的非同步，中国货币政策稳中趋松，债券收益率整体下行，10年国债收益率全年下行40.3个基点，中债国债总指数由年初的194.83上涨6.05%，至年末的206.61。但海外货币政策全面收紧，10年美债收益率全年上行59个基点，欧债利率也以上行为主。尽管中国货币政策相较于全球偏松，但在出口高增的支撑下，全年人民币汇率仍升值2.52%。[①]

从银行理财资产配置看，债券类资产是主要增配资产来源，投资标的进一步多元化（参见图1-8）。一是债券类资产成为资产荒背景下银行理财主要的增配资产来源，信用债的比重进一步上升。随着非标资产的进一步压缩，在长期低利率、投资回报率下降的大背景下，银行理财资产荒有所加剧，债券类资产，尤其是高评级债券，成为主要的增配资产。截至2021年末，理财资金投资债券类资产21.33万亿元，占比达68.39%，较资管新规发布时增加19.43个百分点，较上年末提升4.1个百分点。从2019年至2021年末，理财总投资资产中的利率债占比从8.3%下降至5.8%，信用债占比则从45.1%上升至48.1%。从信用债等级来看，持有AA+及以上信用债规模达12.75万亿元，占持有信用债总规模的84.05%，占比较上年同期增加0.69个百分点。AA+及以上信用债的投资占比上升至84.1%。二是公募REITs成为银行理财新的投资标的。随着公募REITs的正式发行，符合条件的资管公司可以以自营资金和信托资金参与公募REITs投资，丰富了投资业务的配置领域。银行理财基于其专业投资管理能力，以及商业银行在客户资源、项目资源和账户管理上的优势，联动母行提供整体金融解决方案，在公募REITs投资领域与公募基金同台竞技。在首批发行公募REITs试点业务的机构中，已有8家银行理财子公司参与。截至2022年3月末，光大理财全面参与全部12单项目，其中有8单以"战略投资人"身份深度介入，在二级市场交易中，光大理财也是市场重要的投资方，2021年11月发行了全市场首只专注于公募REITs投资的主题理财产品。同时，光大理财也在积极筹备、推进和逐步落地PRE-REITs及资产并购等投资。三是关注重点经济领域与经济发展机会。在政策引导下，银行理财将资金投向国家重点支持发展的领域，2021年以来通过认购绿色债券、投资符合ESG理念的股票、创新非标投资模式等多种资产配置方式，积极践行社会责任投资，助力中国碳达峰、碳中和目标实现。全年理财资金投向绿色债券规模超2200亿元，投向疫情防控、乡村振兴、扶贫等专项债券规模超1200亿元，为中小微企业发展提供资金支持超3万亿元。当年累计发行ESG理财产品49只，合计募集资金超600亿元。募集乡村振兴、公益慈善等社会责任主题理财产品超600亿元，有效促进共同富裕目标实现。

---

① Wind。

> 专题一

从资管新规收官看监管体系演进

2017年以前的中国资管市场处于"泛资管"时代,行业尽管取得了高速增长,但明显"虚胖"。2017年末,金融监管部门发布《关于规范金融机构资产管理业务的指导意见》(即资管新规)的征求意见稿,拉开了资管领域改革的序幕。

资管新规发布以来,中国资管行业监管体系在基础法律框架、新规完善、配套细则等领域逐渐成熟,行业转型方向和路径得以明晰(参见图1)。

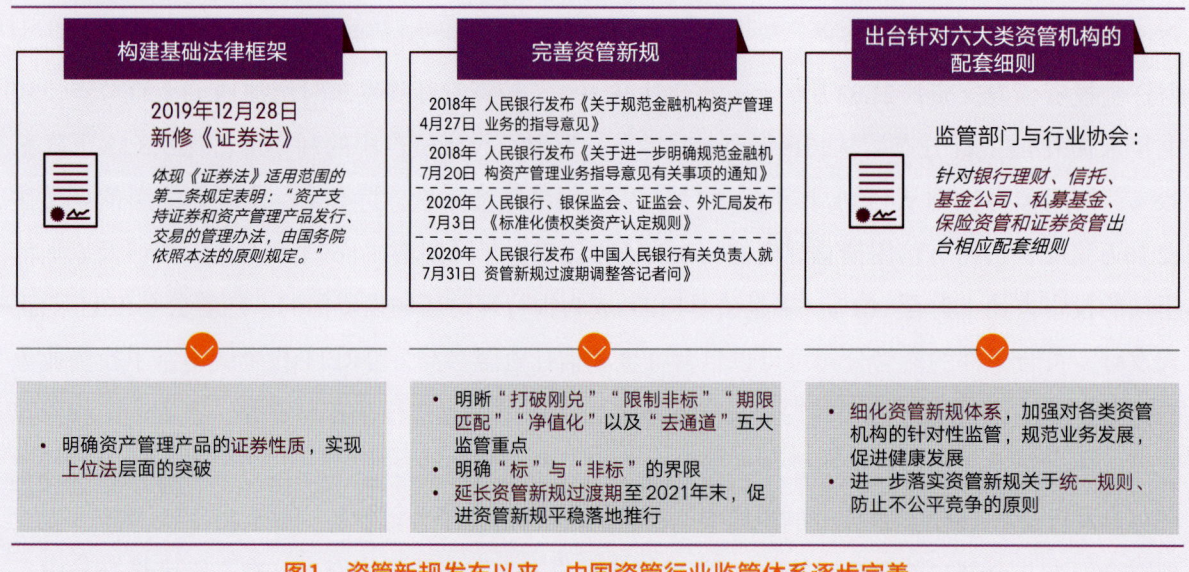

图1　资管新规发布以来,中国资管行业监管体系逐步完善

(资料来源:BCG分析)

站在后资管新规时代的全新起点,回望过去三年半,我们从"泛资管"时代资管行业存在的五大问题出发,回顾监管体系的执行效果,并剖析现状(参见图2)。

● **"刚"——逐步打破刚性兑付**

在"泛资管"时代,资管机构出于规模和效益考虑,存在隐性刚兑的动力和惯性,使大量风险在银行等资管机构中不断积聚,金融体系系统性风险概率大增。

在后资管新规时代,刚性兑付预期逐步被打破,金融风险得以及时化解,投资者真实风险偏好充分显现,资管行业回归"受人之托,代人理财"之本源。

保本理财逐步退场,规模实现清零。资管新规明确资管产品不得承诺保本保收益。银行理财是过去有代表性的刚兑资管业务,在资管新规发布后规范化转型效果明显,存量整改任务有序推进,保本理财产品逐步退场。资管新规前保本型理财产品规模近4万亿元,截至2021年末,保本理财产品已实现清零,市场上的刚兑预期逐步被打破。①

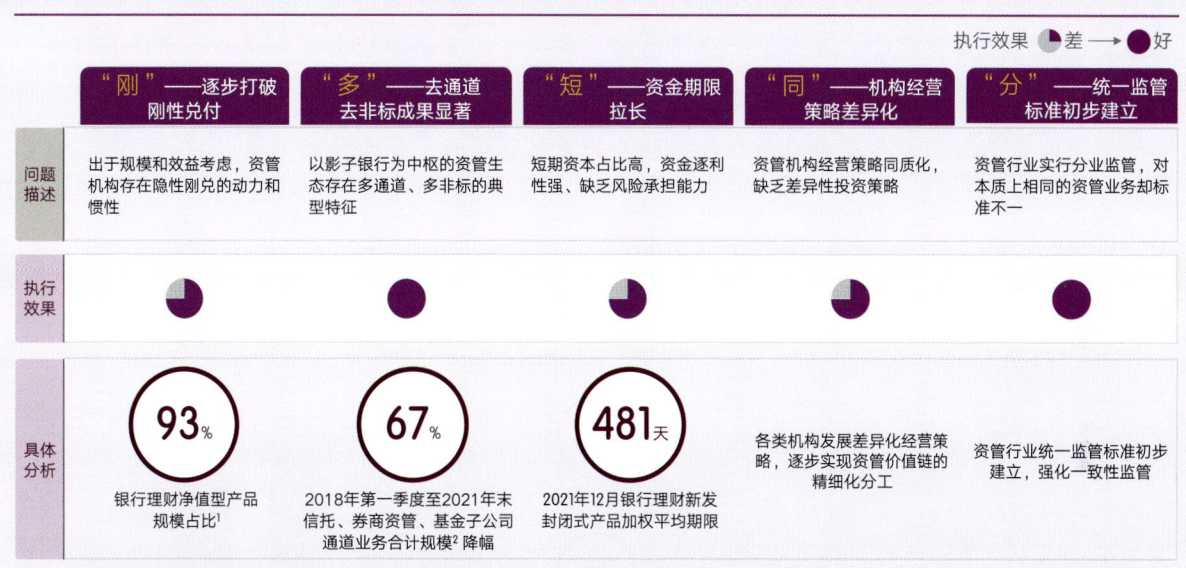

图2　资管新规引领的监管体系清除行业固有顽疾,推动规范健康发展

(资料来源:《中国银行业理财市场年度报告(2021年)》、中国信托业协会、中国证券投资基金业协会、BCG分析)

净值化转型成果显著。截至2021年末,净值型银行理财产品余额27万亿元,占比已达93%,较资管新规发布前增加23.89万亿元;非净值型产品余额仅2.04万亿元,较资管新规发布前大幅压降89%。目前净值化产品中现金类理财产品占比较高,截至2021年末,全市场现金管理类理财产品存续余额达9.29万亿元,占银行理财总规模的32%。2021年6月11日现金管理新规正式发布,合理设置过渡期至2022年末,此后2021年现金管理类理财产品增速较上年同期减少41.95个百分点,产品运作逐步走向规范发展。②

投资者对净值型产品接受程度持续提升,未来仍需强化投资者教育。截至2021年末,持有净值型理财产品的投资者数量占比超99%,较上年同期增加约10个百分点。③然而部分投资者受此前"刚兑文化"影响较深,对于银行理财产品受市场波动影响出现净值大幅波动,甚至"破净"的现象接受程度有限,未来资管机构仍需强化投资者教育,使投资者深刻理解净值化转型内涵和理性投资意义。

---

① 《中国银行业理财市场年度报告(2021年)》。
② 《中国银行业理财市场年度报告(2021年)》。
③ 《中国银行业理财市场年度报告(2021年)》。

- **"多"——去通道、去非标成效显著**

在"泛资管"时代,以影子银行为中枢的资管生态存在多通道、多非标的典型特征。过去各类资金通过购买刚兑性质、滚动发行的银行理财进入资金池中,再由银行资管借助不同机构的通道、多层嵌套等方式,最终投向以非标债权资产为主的底层资产。在这一生态中,通道的角色主要由信托、券商资管以及基金子公司扮演。多通道、多嵌套的大量存在拉长了资金链条,推高了社会融资成本,降低了金融体系效率,不利于推动实体经济的发展;另外,中间层之间复杂交错的交易结构和各类抽屉协议使风险分布更具隐匿性,风险传播更具传染性,也不利于金融体系的稳定。

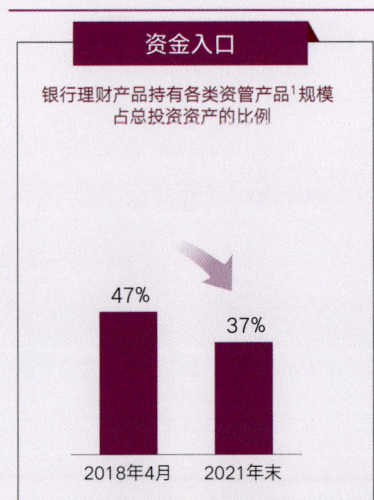 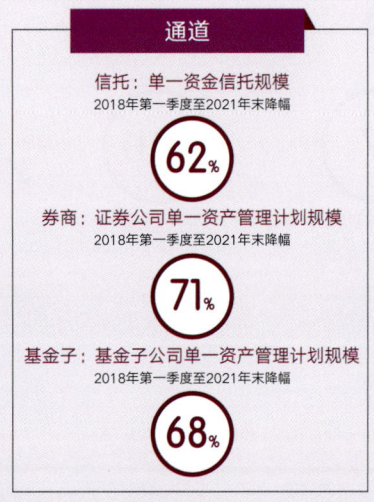 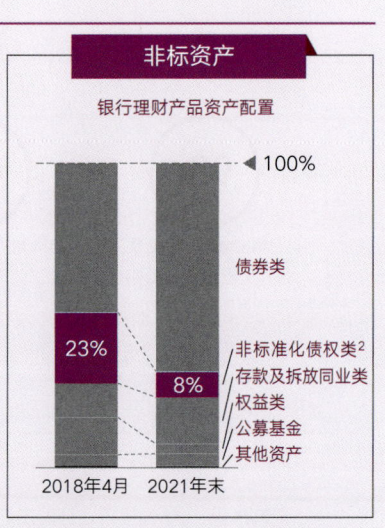

注:1. 统计口径为除公募基金之外的各类资管产品,不含私募基金、协议委外类资产。
2. 根据《标准化债权类资产认定规则》,自2021年起非标准化债权类资产统计口径相应调整。

图3 后资管新规时代,资管行业去通道、去非标成效显著

(资料来源:《中国银行业理财市场年度报告(2021年)》、中国信托业协会、中国证券投资基金业协会、BCG分析)

后资管新规时代,去通道、去非标成效显著,资管行业逐步回归本源,开始真正担当起连接实体经济和投资者的重任(参见图3)。

资金入口:银行理财作为"泛资管"时代资管生态下资金的主要入口,在资管新规实施后理财产品持有各类资管产品[①]规模大幅压降。截至2021年末,理财产品持有各类资管产品规模11.4万亿元,占总投资资产的37%,占比较资管新规发布时减少10个百分点。[②]理财产品多层嵌套中带有通道属性的业务操作基本得到整治清理。

通道:信托、券商资管和基金子公司是"泛资管"时代下的主要通道,在资管新规实施后,通道类业务明显收缩。信托业内,以通道业务为主的单一资金信托规模由2018年第一季度的

---

① 统计口径为除公募基金之外的各类资管产品;不含私募基金、协议委外类资产。
② 《中国银行业理财市场年度报告(2021年)》。

11.66万亿元降至2021年末的4.42万亿元，降幅达62%。① 券商资管业内，主要承载通道业务的证券公司单一资产管理计划规模自2018年第一季度的14.07万亿元降至2021年末的4.04万亿元，降幅达71%。② 基金子公司业内，以通道业务居多的基金子公司单一资产管理计划规模从2018年第一季度的5.64万亿元降至2021年末的1.78万亿元，降幅达68%。③

非标资产：随着通道受阻，非标资产明显下降。截至2021年末，银行理财产品资产配置中，非标准化债权类资产余额为2.62万元，占总投资资产的8.4%，较资管新规发布时减少14.80个百分点。与此同时，银行理财配置标准化资产比例逐步上升，目前持有债权类资产余额为21.33万亿元，占比达68.4%，较资管新规发布时增加19.43个百分点。④

- **"短"——资金期限拉长**

"泛资管"时代，资管行业短期资本占比高，资金逐利性强、缺乏风险承担能力。期限错配下的短债长投是资管新规要解决的一大重点问题。

后资管新规时代，资管产品资金期限拉长，过去广泛存在的期限错配现象被逐步化解，有利于资管行业的长期健康发展。银行理财短期限产品大幅压缩，资管新规规定封闭式产品期限不得短于90天，截至2021年末90天以内封闭式不合规理财产品规模已实现清零。同时，银行理财长期限产品发行能力不断增强，全市场新发封闭式理财产品加权平均期限已由资管新规发布时的138天大幅升至2021年12月的481天；1年以上的封闭式产品存续余额占全部封闭式产品的比例达63%，同比增加26个百分点。⑤

- **"同"——机构经营策略差异化**

"泛资管"时代，各类机构经营策略同质化，缺乏差异性投资策略。资管机构间的同质化竞争使金融体系定价和风险传导机制失效，系统风险加剧。

后资管新规时代，监管拉平起跑线，从而倒逼市场化竞争，引导各类机构发展差异化经营策略，逐步实现沿资管价值链的精细化分工。《中国资产管理市场2018》对中国不同资管子行业的差异化模式选择做了具体探讨。在资管新规中迎来全新机遇的银行理财，正依托母行资源，逐步从分销巨头走向全能资管。受资管新规冲击最大、亟待转型的券商资管和信托资管，前者正依托资产获取和资产价值评估能力，朝着另类投融资及机构解决方案专家的方向迈进；后者正依托房地产、基础设施等领域专长，不断摸索方向，未来可聚焦另类资管，发展投融联动。受资管新规冲击较小的公募基金，则在资管新规实施后迎来全面爆发，凭借多年规范化、市场化的成长和积累，未来将进一步迈向α精品和解决方案专家，少数可能成为β巨头。

---

① 中国信托业协会。
② 中国证券投资基金业协会。
③ 中国证券投资基金业协会。
④ 《中国银行业理财市场年度报告（2021年）》。根据《标准化债权类资产认定规则》，自2021年起非标准化债权类资产统计口径相应调整。
⑤ 《中国银行业理财市场年度报告（2021年）》。

"分"——统一监管标准初步建立

"泛资管"时代,资管行业实行分业监管,使本质相同的资管业务面临不同的监管标准。牌照差异衍生出大量监管套利空间和寻租现象,例如,某些资管机构在实务操作中为"合规"地投向某类资产,必须借助其他有投资资质的机构提供的通道。

后资管新规时代,资管行业统一监管标准初步建立,强化一致性监管。资管新规发布后,监管规则走向趋同,对同类资管产品适用一致的规定,以资管新规及其配套规则为框架的资产管理业务制度体系正在形成。2021年,财政部发布资管产品会计处理规定,旨在统一各类资管产品的会计实务;中国银保监会、中国人民银行联合制定并发布现金管理新规,旨在拉平现金管理类产品与货币基金的监管规则。这一系列政策的出台,将促使各类机构回归同一起跑线,真正考验其资产管理的核心能力。

但是,当前的配套细则仍是围绕机构主体制定的,具体标准存在差异,例如公募基金的税收优势、保险资管的直投优势、银行理财的非标业务优势、信托的多元牌照优势等。可以预见,未来中国资产管理行业的监管模式将朝着海外领先市场的监管模式方向前行,逐步实现统一监管(参见图4)。

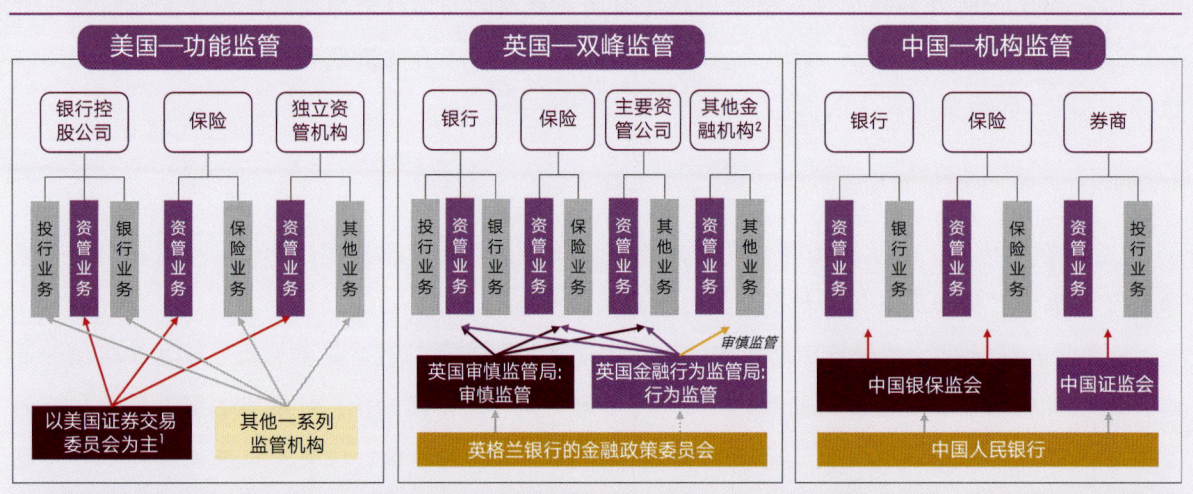

1. 若投向上有较多商品和衍生品,则也需要接受美国商品期货交易委员会的监管。
2. 仅有大型资产管理机构受英国审慎监管局和英国金融行为监管局双重监管,绝大多数资产管理机构仅由英国金融行为监管局监管。英国金融行为监管局对不受英国审慎监管局监管的其他金融机构施行审慎监管。

图4 中外资产管理的监管逻辑对比:功能监管、双峰监管、机构监管

(资料来源:文献检索、BCG分析)

2. 时代担当：中国经济高质量发展需要一个强大的资产管理市场

2.1 理论基础：直接融资促高质量发展，资管成为直接融资中枢

中国经济高质量增长需要更加强大的直接融资体系。中国经济进入了高质量发展阶段，面临新经济提速、旧经济转型的双重挑战。无论是发展以高科技为代表的新经济还是重组升级旧经济，都需要让风险收益共担、资金配置高效的直接融资体系发挥更大作用。因此，大力发展资本市场、提升直接融资比例已经成为行业共识，《中华人民共和国国民经济和社会发展第十四个五年规划和2035年远景目标纲要》中明确提出：完善资本市场基础制度，健全多层次资本市场体系，大力发展机构投资者，提高直接融资特别是股权融资比重。

资管行业在直接融资体系中占据中枢地位，是连接资金及财富端和实体经济端的核心主体（参见图2-1）。资金的融通是一个生态体系，各类资金通过金融机构和金融市场的高效运转得以有效配置到实体经济需求之中。我们通常说银行是间接融资体系的中枢机构，即通过存款等工具，以负债方式衔接资金端投资需求；通过信贷等金融工具和市场满足实体经济融资需求。而对直接融资体系来说，资管机构则扮演类似的中枢角色。即资管机构通过资管产品，以受托管理方式衔接资金端投资需求；通过公开市场和私募市场，以股权、债权投资方式满足实体经济需求。

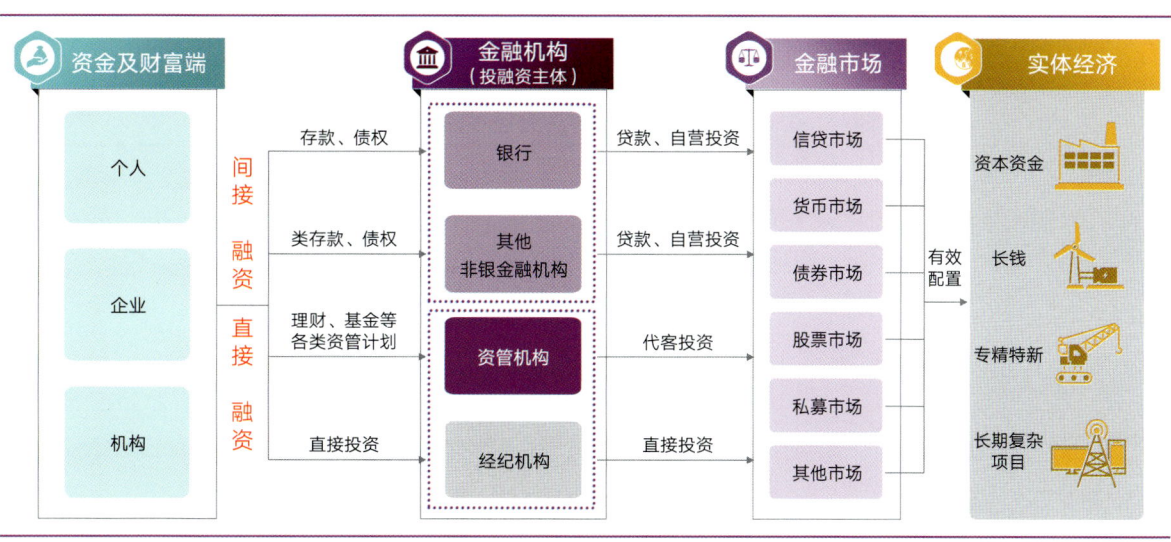

图2-1 资管行业是直接融资体系的中枢

（资料来源：BCG分析）

资管行业在直接融资体系中至少扮演以下三大角色。

（1）对资金及财富端来说，资管行业引导资金长期化、专业化、机构化，帮助投资人更好地分享中国实体经济发展的红利。

（2）对实体经济端来说，资管行业配置资金、定价资产、赋能企业，帮助实体经济融资、融智。

（3）对金融体系来说，资管行业推动风险和收益在投资方与融资方之间的定价匹配和直接传导，提升资金融通效率、降低系统性风险。

因此，在中国强化直接融资体系，致力于推动经济高质量发展的大背景下，必须建立一个与之匹配的强大的资管市场。

2.2 观往知来：资管助力实体经济转型，资管重塑金融体系格局

以美国为例，在实体经济发展历史的六个关键时期中，资管行业均发挥了举足轻重的推动作用（参见图2-2）。在经济萧条时期，资管行业作为强心针，拉动经济复苏回暖；在产业蓬勃发展时期，资管行业作为加速剂，助推实体经济的转型步伐；近年来，在后金融危机时代，资管行业作为稳定剂，持续为市场注入信心，通过ESG体系将社会责任和可持续发展理念逐渐融入底层价值观，带动商业向善、资本向善的大潮。

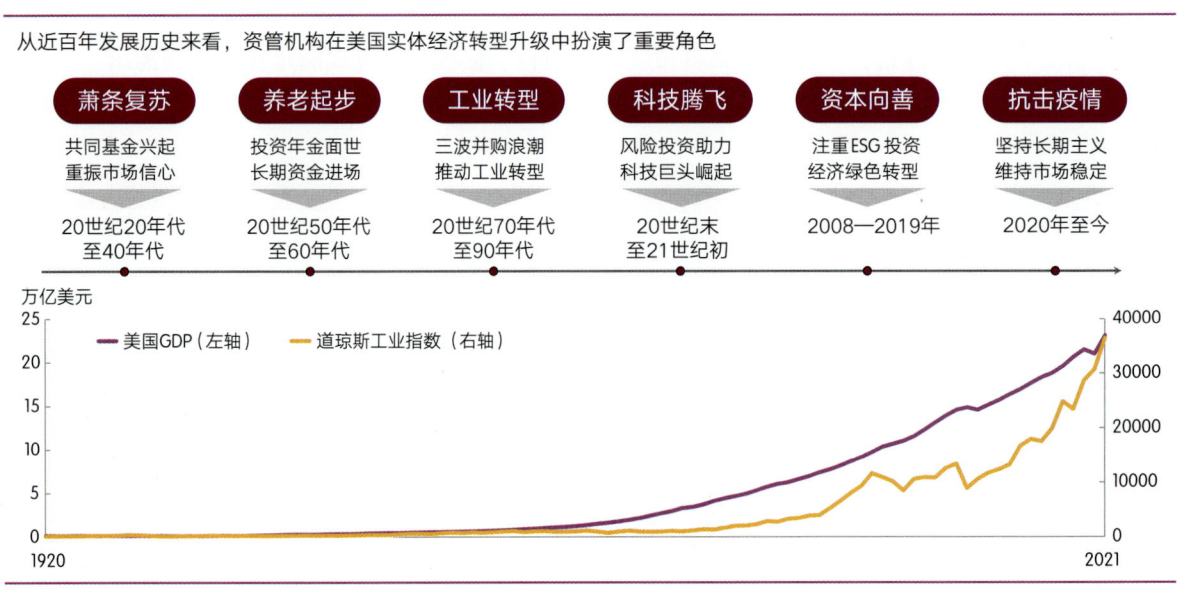

图2-2 发达市场资管机构在实体经济转型中的价值

（资料来源：Wind、美国经济分析局、BCG分析）

- **萧条复苏（20世纪20年代至40年代）：共同基金兴起，重振市场信心**

　　1920年美国资本市场处于牛市，投资公司开始流行，而1929年的大崩盘引发了市场对投资公司权利滥用和杠杆爆仓的质疑。此时，共同基金因具备有限投资自由裁量权和能够限制董事权力两个特点而广受欢迎。共同基金可持有多元资产组合，买卖容易，杠杆可控，在10年时间里实现了超过3倍的增长，在资管市场的份额从5%跃升至36%，为实体经济发展注入了丰厚的资金，是经济复苏的一剂强心针。

- **养老起步（20世纪50年代至60年代）：投资年金面世，长期资金进场**

　　在这一阶段保险公司开始正式进军资管领域，其标志是1952年美国教师保险与年金协会（Teachers Insurance and Annuity Association，TIAA）推出首个可变年金产品——大学退休权益基金（College Retirement Equities Fund，CREF），利用股票投资较高的预期回报率应对通货膨胀率上升和预期寿命延长，为高校教师提供更好的退休保障。保险资管产品的出现为资本市场带来了长期稳定的资金，又为养老金体系的层次化、丰富化提供了有力支持，构成了社会稳定的强力保障。

- **工业转型（20世纪70年代至90年代）：三波并购浪潮，推动工业转型**

　　这一时期是美国第二次世界大战后经济腾飞的黄金年代，共经历了三次并购浪潮，带动了美国整个工业体系转型升级。第一波浪潮主要受到《反托拉斯法案》的影响，企业积极寻求业务多元化，以混合并购为主；在第二波浪潮下，大量的杠杆收购案例推动了石油、化工、医疗等行业的整合；第三波浪潮则由计算机、汽车等领域的企业主导，引领传统行业向科技行业、作坊式企业向现代化经营企业的升级。

- **科技腾飞（20世纪末至21世纪初）：风险投资助力，科技巨头崛起**

　　在各路风险投资和企业创投的轮番登场和投资押注下，以知识经济为基础、信息技术为主导的美国新经济时代拉开序幕。以红杉为代表的一系列风投基金在硅谷地区迅速发展，直接促成了谷歌、亚马逊、脸书等一系列科技巨头的崛起。脸书在获得风投投资后的一年内公司估值便从500万美元暴涨至1.27亿美元，至今市值已达8400亿美元。

- **资本向善（2008—2019年）：注重ESG投资，经济绿色转型**

　　2008年国际金融危机后，新一任美国政府面对民众重建经济秩序的强烈诉求，在经济刺激计划中大力推崇绿色经济运动，其长远目标是将新能源作为主要产业发展方向之一，带动经济战略转型。与之相伴的是，越来越多的主流资管机构开始拥抱ESG投资理念，根据美国可持续责任投资论坛的数据，美国可持续投资资产规模自2010年左右开始井喷式增长，10年间增长超过4倍，截至2019年末已达约17万亿美元。奉行可持续理念、发展ESG投资在经济绿色转型的过程中逐渐成为美国主流资管机构的共同语言。

- **抗击疫情（2020年至今）：坚持长期主义，维持市场稳定**

新冠肺炎疫情对实体经济造成巨大冲击，美国资管机构也在危机中重新思考自身使命，承担起引导社会资源配置、稳定金融市场、助力经济恢复之责。例如，2020年3月，美联储委派贝莱德金融市场咨询委员会代纽约联储开展救市计划，购买投资级公司的新发债券和贷款融资，以及部分住房抵押贷款支持证券（MBS）。同时，越来越多的机构开始重视投资组合再平衡策略（Rebalancing Strategy），强调长期导向，在市场动荡时动态调整组合份额，不追随特定产品的下跌趋势，避免引发连锁反应，同样有利于在危机中帮助维持市场稳定。疫情后社会责任和可持续发展理念更加深入人心，资管行业通过ESG体系有效引导资金配置，推动可持续发展投资规模又一轮加速增长。

伴随着美国实体经济的不断升级，美国的资管行业也持续发展、跃升，逐渐代替银行成为金融体系中的第一大资金供给主体。从金融资产规模的角度出发考察美国金融体系中三大类金融部门的金融资产相对占比情况，可发现在20世纪初的很长一段时间内，传统银行体系曾在美国金融体系中占据绝对主导地位；自20世纪70年代开始，伴随银行脱媒现象的涌现，以证券公司为代表的非银金融机构的信贷和投资业务高速扩张，拉动其规模占比快速扩张，直至2008年国际金融危机戳破次贷泡沫后开始下滑。而作为美国金融体系中资金供给的第三类主体，资产管理体系的地位自20世纪80年代开始不断稳步攀升，其间经历了传统银行体系的衰落和非银金融中介体系的先盛后衰，目前已在金融资产规模上将二者超越，跃升成为今日美国金融体系中最大的资金供给主体。与之相对应，美国融资结构中的直接融资占比也从20世纪80年代的约50%不断上升至目前的约80%（参见图2-3）。[①]

通过对美国实体经济近百年来转型升级历史的简要复盘，我们可以清晰地发现，打造一个强大的资产管理行业对于推动实体经济的不断发展、升级至关重要。这一历史规律对中国当下实现经济高质量发展战略目标具有重要的借鉴意义。

---

① 直接融资包括国内上市公司市值（Market Capitalization of Listed Domestic Companies）和非金融企业债券规模（Total Debt Securities of Non-financial Corporations），间接融资包括私营部门银行贷款规模（Domestic Credit to Private Sector by Banks）。国内上市公司市值和私营部门银行贷款数据来自世界银行；非金融企业债券数据来自国际清算银行。截至本报告终稿时，上述数据最早可追溯至1975年，更新至2020年。

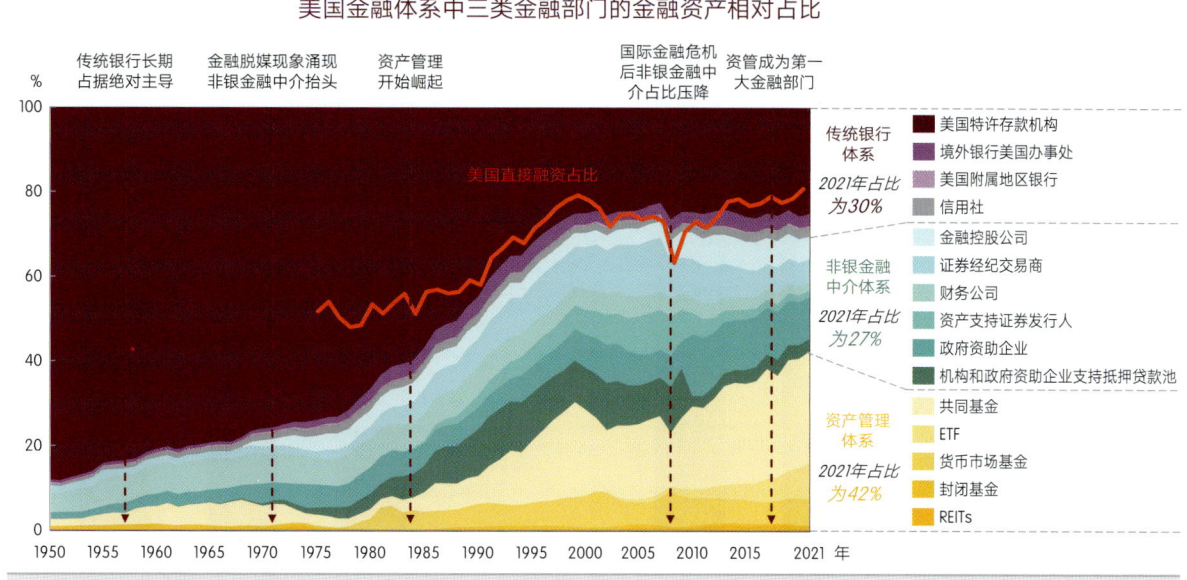

图2-3 资管行业在金融体系中的地位跃升，直接融资占比迅速提升

（资料来源：美联储，Financial Accounts of the United States；世界银行；国际清算银行；BCG分析）

2.3 回看中国：迈入高质量发展新时代，呼唤资管行业大幅跃升

中国经济面临的内外部多重压力正不断增大，需要尽快从高速发展向高质量发展转型。2021年中国GDP增长8.1%，上半年由于基数效应等原因中国经济迎来强劲反弹，但下半年在金融和房地产监管收紧、财政紧缩、疫情反复的影响下，经济活动又大幅放缓，第四季度增长仅4.0%，经济动态势能减弱。2022年政府工作报告提出，中国经济全年的增长目标在5.5%左右，这对一个GDP总量超过110万亿元人民币的巨型经济体来说将是一项艰巨的挑战。未来，中国经济势必将进入多元重构阶段，关键任务在于从房地产、低端制造业转向现代服务业、高端制造业，从高碳经济转向低碳经济，从外需拉动转向内需推动，避免重回传统增长模式的老路，向创新、协调、绿色、开放、共享的高质量发展新阶段转型。

在中国经济多元重构和高质量发展的时代背景下，参照发达市场实体经济升级经验，中国急需建立一个强大的资管市场，以充分发挥其在直接融资体系里的中枢作用。

然而，中国资管在规模体量和机构实力上与世界一流水平尚有显著差距，难以支撑起这一中枢作用，未来的"关键一跃"迫在眉睫。

规模体量上，中国资管行业在金融体系的地位与美国有较大差异。在整个金融体系中，

2021年中国资管行业规模占比为27%，接近美国1997年水平。[1]中国资管行业的不发达，一定程度上制约了中国直接融资的发展，2020年中国直接融资占比为38%，大幅低于2020年美国的81%[2]，与同样以间接融资为主的欧洲和日本市场相比也存在差距（参见图2-4）。

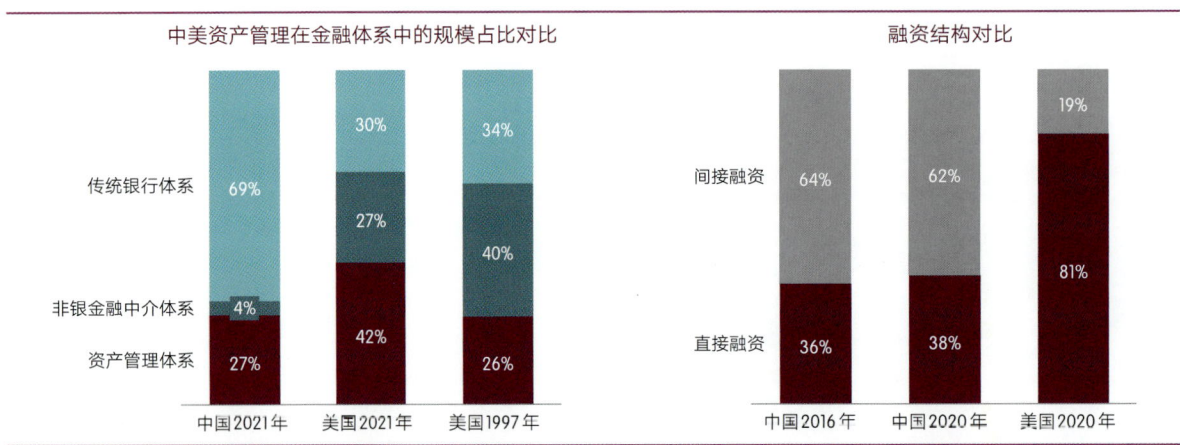

图2-4　中国资管占金融体系规模比例与发达市场仍有较大差异，中国直接融资比例较低

（资料来源：中国人民银行、中国信托业协会、中国财务公司协会、美联储、世界银行、国际清算银行、BCG分析）

机构实力上，中国领先资管机构发行的产品规模整体偏小，与国际领先资管机构仍有明显差异。首先，总体考察全球资管机构的规模排名，即使以集团整体资管规模计算，中国资管机构也无法进入全球前20名；而全球前10大银行中国机构占4席、全球前10大保险公司中国机构占3席。此外，深入考察中美规模排名前50的资管机构发行基金产品数量（体现了产品策略的丰富程度）和单只基金AUM（体现了产品策略被投资者的认可程度），我们进一步发现，中国领先资管机构的产品数量和单只基金AUM较美国仍存有较大差异（参见图2-5）。贝莱德和富达等全球资管巨头同时具备全面的产品布局和较高的平均基金规模。而中国资管机构的产品数量少，单只基金规模小，这些指标侧面反映了机构能力上的差距。在专题二中，我们进一步深度对比了中外资管行业的产品丰富程度差异。

---

[1] 中国数据中，传统银行体系数据使用中国人民银行公布的银行业机构（指法人金融机构，含境外分行，不包括中央银行）总资产344.8万亿元；非银金融中介体系数据包括中国人民银行公布的证券业机构（包括证券公司、期货公司和基金公司，证券公司和期货公司总资产均包括自身及客户资产）总资产12.3万亿元，中国信托业协会公布的信托公司固有资产0.9万亿元，中国财务公司协会公布的财务公司总资产8.6万亿元；资产管理体系数据使用BCG中国资产管理市场模型测算的中国资管行业AUM。美国数据为三类金融部门的金融资产规模相对占比，数据来源为美联储 Financial Accounts of the United States。

[2] 直接融资包括国内上市公司市值（Market Capitalization of Listed Domestic Companies）和非金融企业债券规模（Total Debt Securities of Non-financial Corporations），间接融资包括私营部门银行贷款规模（Domestic Credit to Private Sector by Banks）。国内上市公司市值和私营部门银行贷款数据来自世界银行，非金融企业债券数据来自国际清算银行。

• 2.时代担当：中国经济高质量发展需要一个强大的资产管理市场

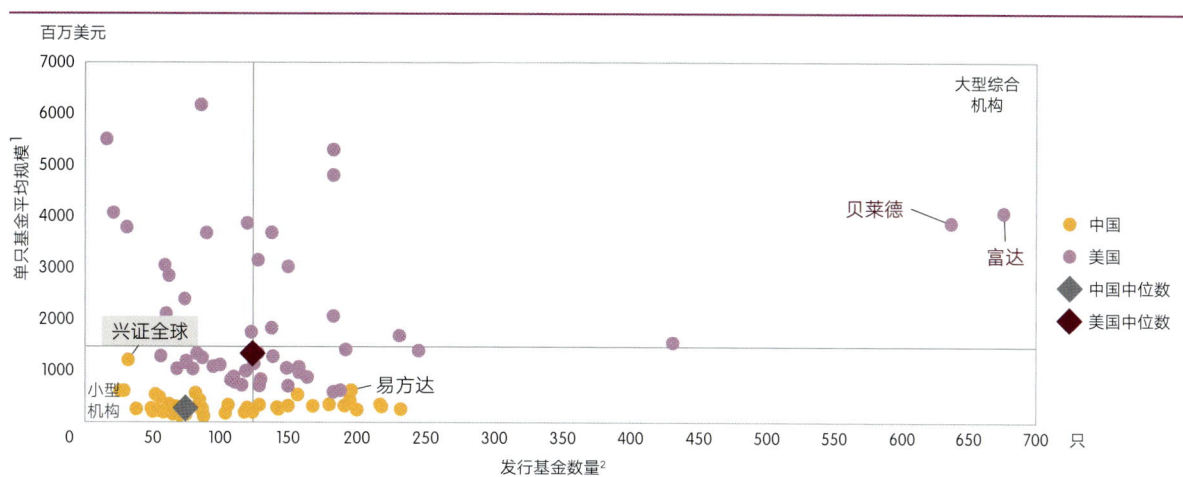

注：数据截至2020年12月31日。仅包含共同基金和ETF，不包含货币市场基金。根据Simfund数据，分别选取中国和美国共同基金和ETF规模排名前50的资管机构。剔除部分异常值，包括Vanguard、Capital Group、Dodge & Cox、Edward Jones。

1. 单只基金平均规模为各基金公司总规模/发行基金数量。单只基金平均规模：中国中位数为2.7亿美元，美国中位数为13.4亿美元。
2. 发行基金数量：中国中位数为75只，美国中位数为124只。

图2-5　中国领先资管机构的产品数量和单只基金AUM较海外领先机构仍有差异

（资料来源：Simfund、BCG全球资产管理对标数据库2021、BCG分析）

3. 关键一跃：四大领域十问，洞悉中国资管高质量发展路径

如前所述，中国正处在实体经济转型发展新阶段，需要一个更加强大的资产管理行业予以支撑，然而中国资管行业与这一要求相比仍差距甚远，亟须实现突破。那么中国资管行业必须在哪些方面跨越瓶颈，实现高质量发展的"关键一跃"？站在当前时点，我们提出中国资管要在使命、模式、能力、科技四大领域实现跨越（参见图3-1），并围绕以下十大问题进行思考和探索。

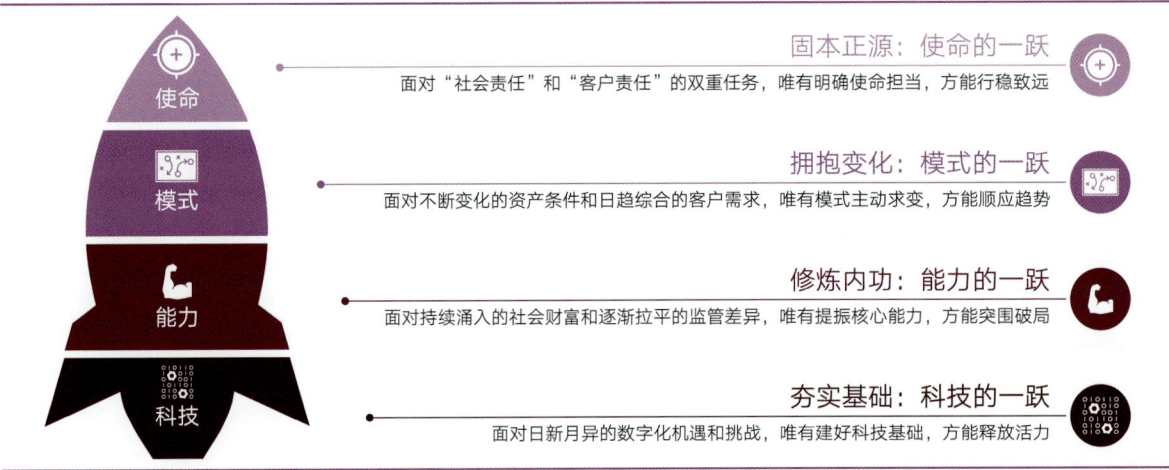

图3-1　中国资管机构应在使命、模式、能力、科技四大领域实现关键一跃

（资料来源：BCG分析）

3.1 固本正源：使命的一跃

资管行业作为连接投资者与实体经济需求的关键纽带，一方面履行受托责任，实现居民财富和机构资金保值增值，创造客户价值；另一方面通过投资活动，向实体经济配置资金，助力实体经济升级转型，创造社会价值。因此，中国资管行业应首先在使命层面回答好下列两个关键问题（参见图3-2）。

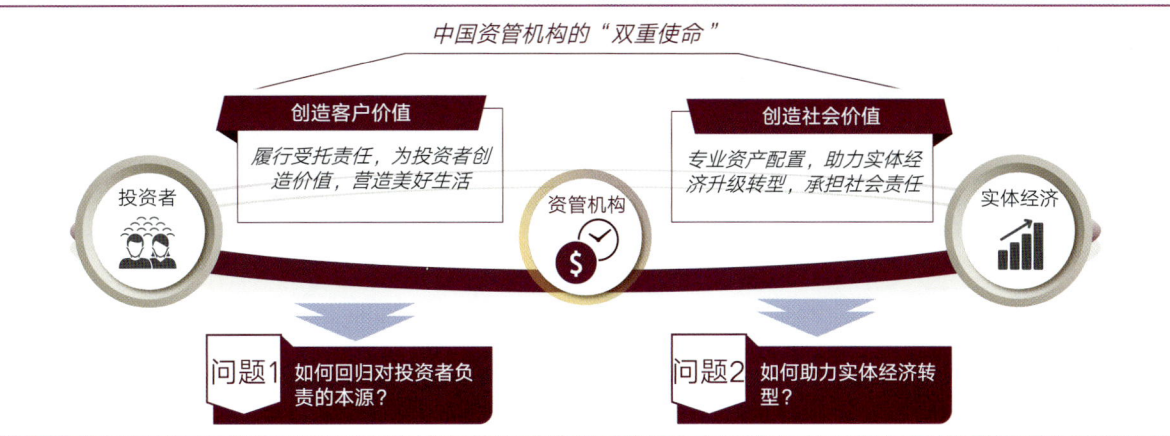

图3-2 使命一跃：中国资管行业应围绕"客户价值"和"社会价值"，回答好两大关键问题

（资料来源：BCG分析）

- 问题1：如何回归对投资者负责的本源？

"资管机构和产品赚钱、投资者不赚钱"的现象偏离了"受人之托，代人理财"的资管本源，是长期困扰中国资管行业的问题。

资管行业亟须认清和履行"以投资者利益优先"的信义义务，从利益分配、信息披露与评价、监管与托管三大机制入手规避利益冲突，并通过销售服务、产品设计和投资者教育三大抓手加以落实，以真正实现对投资者负责。我们将在第4章重点回答这一问题。

- 问题2：如何助力实体经济转型？

资管行业作为直接融资体系的中枢，影响了金融资源向实体经济的配置方式，应助力实体经济转型升级，承担社会责任。

在未来中国经济社会高质量发展的道路上，面对科技自立自强、碳达峰碳中和、实现共同富裕、发展养老体系等重大时代主题，资管机构可以以资源配置和投资赋能为手段，发现价值、创造价值。我们将在第5章重点回答这一问题。

3.2 拥抱变化：模式的一跃

我们认为中国资管行业未来在商业模式上的关键一跃在于是否能够在传统以标准资产投资和产品销售为主的价值链的基础上，进一步向客户端和资产端两个方向实现拓展（参见图3-3）。

客户端：从以资产和产品为核心拓展至客户导向的解决方案。

资产端：从以标准资产为主拓展至另类资产，从配置资产拓展至创设资产。

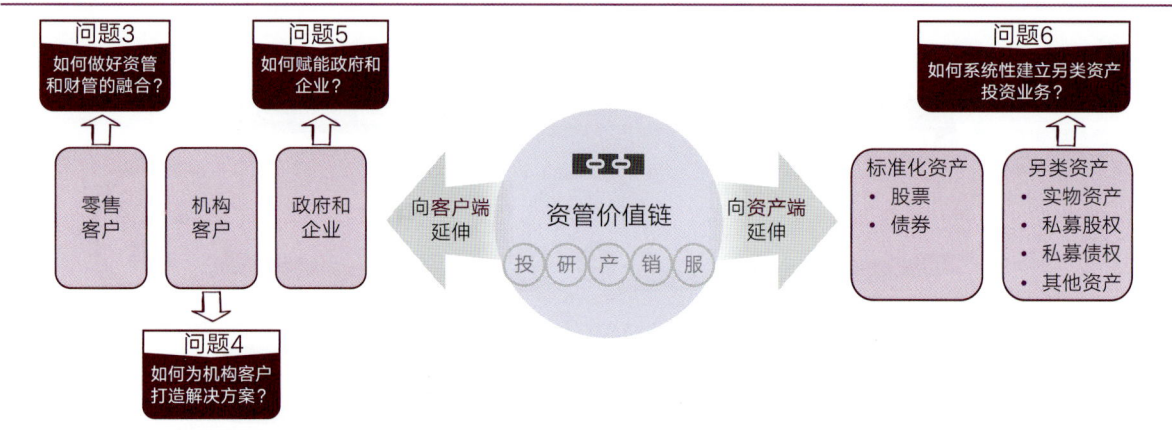

图3-3 中国资管行业应突破传统价值链,向客户端、资产端延展以升级商业模式,回答好四大关键问题

(资料来源:BCG分析)

具体到各个资管机构,应结合自身发展阶段和资源禀赋寻找自身定位,回答以下四大问题。

客户端方向,围绕零售客户、机构客户、政府和企业三类客户,资管机构应重点回答好下列三个关键问题(参见图3-3)。

- 问题3:如何做好资管和财管的融合?

在数字化大潮和监管政策变化下,客户需求变化日新月异,资管和财管边界变得愈发模糊,零售客户需要的是资管与财管融合的一整套"产品+服务"。

领先资管机构应积极思考和布局以下五类向财富管理的延展方式:一是创设财富解决方案型产品,包括针对多元分散配置需求的FOF组合基金,针对养老需求的目标日期型基金等。二是布局投资顾问业务,例如某全球资管巨头拥有全美领先的注册投资顾问子公司[1],针对普惠客户提供以机器为主的智能投顾服务;针对富裕客户提供"机器+人工"的扩展型投顾,截至2020年末投顾委托AUM达到约5600亿美元;针对高净值客户提供私人财富管理服务,将服务类型进一步扩展至量身定制财务计划、个性化设计投资解决方案、制定家庭资产传承规划等领域。三是建设和强化新渠道,包括数字化线上直销渠道、线下顾问渠道、以蚂蚁"财富号"为代表的外部平台生态渠道等多种渠道,并实现渠道间的融合。四是与财富机构开展深度战略合作,打造B2B2C模式。例如,某全球最大的资管机构为外部财富顾问和工作室提供财富管理工作站平台系统,并将其线上退休规划等各类服务免费提供给外部顾问使用,显著带动旗下指数产品销售。五是建立数字化客户经营能力,包括建立客户画像,围绕获客、活客、留存等关键客户生命周期环节,在内外部渠道开展客户经营。《中国资产管理市场2019》对数字化及资管与财富融合的零售生态做了详细介绍。[2]

---

[1] Registered Investment Adviser, RIA。
[2] 各机构官方网站。

- **问题4：如何为机构客户打造解决方案？**

  随着保险、银行等各类机构客户的逐步发展和成熟，需要资管机构突破自我，不再仅为某个受托产品和策略的投资结果负责，而是围绕客户的经营目标提供综合服务，向"解决方案"模式转型。

  主流机构客户对于解决方案往往有四项关键服务需求：一是多资产、多策略资产配置，二是对负债、税收、监管、综合投资目标等议题的专业咨询，三是账户管理等运营服务和IT支持，四是投资能力和知识的迁移赋能。此外，中小资管机构客户在资管价值链上的研究、产品创设、投资、交易及风控、销售及覆盖模式、清算托管/内部运营等各环节均可能产生需求，全能型资管机构可沿价值链探索面向中小资管机构客户的全面赋能方案。这需要资管机构尽快打造上述服务所需的客户需求理解、大类资产配置、资产获取、IT及运营服务等核心能力。例如某领先投行系资管，依托自身强大的另类资产获取和IT及运营服务两大能力禀赋，针对保险、养老客户重点打造机构解决方案型业务，奠定了其在这一领域的市场领先地位。《中国资产管理市场2018》针对机构客户的解决方案模式做了详细介绍。

- **问题5：如何赋能政府和企业？**

  政府和产业集团是中国资管市场的重要资金方，其需求与个人和机构客户相比存在显著特点，即除了获取投资的财务回报外，还非常注重投资带来的战略价值和社会价值。例如地方政府希望通过投资达成地方产业扶持、招商引资、提升民生福祉等实体经济和社会发展目标；产业集团客户在挑选资管机构时，也更青睐能在产业链上下游整合、技术合作、订单协同等方面帮助企业实现战略目标、带来多维价值创造的机构。因此，针对政府和企业客户，商业模式的关键一跃在于如何打造"投资"+"赋能"模式。关于资管机构如何赋能政府和企业，我们将在专题四中介绍。

  资产端方向，围绕资产类型拓展和资产价值创造，资管机构应重点回答好以下关键问题（参见图3-3）。

- **问题6：如何系统性建立另类资产投资业务？**

  一方面，企业和机构客户以及高净值客户对于另类资产的配置需求日益提升。另一方面，实体经济的发展产生大量的私募股权、私募债权、实物资产融资需求。尽管中国已经发展出了庞大的风险投资和私募股权市场，但市场上领先机构仍以外资美元基金投资人和各类企业集团的产业投资人为主。再结合中国未来"以国内大循环为主体，国内国际双循环"的发展格局，因此，我们认为打造中国本土的以人民币投资为主的领先另类资管机构是中国资管行业要实现的关键一跃。

然而，建立另类资管业务是一个体系化工程，需要外部环境和机构能力建设的共同努力。我们认为实现关键一跃要解决募资、投资和管理、退出、治理四个方面的问题。一是在募资方面解决人民币长期资金来源问题。人民币募资市场相较于美元募资市场，存在缺乏长期资金主体的结构型差异，需要监管部门和资管机构共同努力，包括进一步放开包括企业年金等在内的机构养老资金配置另类资产，引导高净值客户配置另类资产等。二是在投资和管理方面解决实物资产运营能力和企业赋能能力问题。不动产和基建等实物资产投资是中国亟须发展的重要另类投资主题之一，而领先实物资产资管机构的显著特点之一是在投资能力之外还有强大的资产运营能力。如某全球最大的另类资产管理公司尤其擅长不动产、能源、基础设施等实物资产投资，2021年末资产规模近7000亿美元，其代表案例包括重大、复杂基建项目。其不仅是这些项目的资本投资人，还是这些不动产持续经营的运营商。这一机构通过百亿美元级别的旗舰基金提供资本，通过下设的不动产、能源和基础设施运营子公司提供资产运营服务，打造"投资+运营"模式。这使它能够取得穿越周期的长期业绩，实现最低6%~7%、最高20%的投资回报。在企业股权投资领域，中国的升级方向之一是围绕传统行业转型和整合需求，打造并购投资能力。这就要求资管机构不仅是财务投资人，还要具备企业赋能和重组能力。例如以黑石（Blackstone）、KKR等为代表的以并购重组策略为主的资管机构，普遍结合内外部资源建立了强大的投后管理能力。相关内容我们将在专题四中做进一步介绍。三是在退出方面解决退出通路和工具问题。退出通路是另类资产管理的关键底层基础设施。对于实物资产，关键是要实现人民币REITs市场的进一步扩展和升级。对于企业股权而言，关键是科创板等资本市场的建设，使更多的科技型、创新型企业投资能够在人民币资本市场实现高效退出。四是在治理方面解决激励约束和风险内控问题。另类投资的投资期限长，投资流程高度非标准化，成败高度依赖核心投资团队个人，要求其"德才兼备"，即兼具极高的专业能力和道德水平。海外另类资管机构通常通过高水平基本薪酬加上超额收益分成、核心人员持股、跟投等长期激励机制实现人员激励和内控约束。对中资机构来说，需要结合自身的股东背景和商业模式，探索与之匹配的激励约束机制和内控手段。

3.3 修炼内功：能力的一跃

随着行业的高速发展和资管新规的实施，对中国资管机构的主动管理能力要求大幅提升。如何管好"长钱""大钱"，如何建立客户导向的销售和服务体系，如何提升产品创新能力等成为资管机构能力关键一跃的重要主题。

围绕资产端、客户端、产品端价值链上的投、研、产、销、服五大能力建设，中国资管机构需重点回答好以下三个关键问题（参见图3-4）。

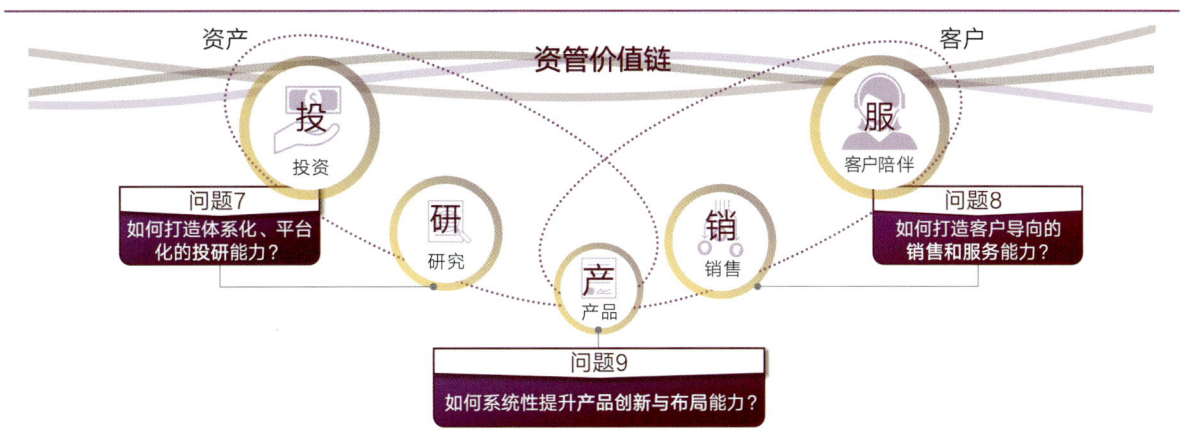

图3-4　中国资管机构应夯实资产管理价值链上的产、研、投、销、服五大能力，回答好三大关键问题

（资料来源：BCG分析）

- **问题7：如何打造体系化、平台化的投研能力？**

资管机构需要从过去短期导向、以明星基金经理为中心的投研体系，转向追求长期、稳定收益，强调投研体系平台价值，投资流程规范、标准、透明，投资业绩可量化、可追踪、可解释。

然而转型不易，需要资管机构从投资理念、投研治理、投资流程、科技系统、激励机制五个方面开展体系化建设。一是强化长期导向、客户导向的投资理念。这是贯穿所有体系和机制设计的统一原则，需在各层级形成共识，并落实到关键流程和机制设计之中，融入企业文化之中。二是建立平台化的产投研治理结构。大力强化研究平台能力建设和投研转化效率，梳理投资决策治理结构，优化产、投、研关键职能职责。三是建立体系化的投研流程，围绕业绩"透明、可控、符合目标"，强调投研结果可量化、可解释、可复制。四是实现投研体系和流程的数据化、系统化。五是建立与长期导向、客户导向、平台导向相一致的考核和激励机制。对于这一点，我们将在专题三中进一步展开。

体系化、平台化与资管行业"以人为本"并不矛盾。例如某全球资管巨头的投资团队同样高度自主，投资决策流程自下而上。但是，首先这些投资决策的自主权是基于明确的职责分工、投研流程、评价标准、业绩归因体系框架之上的。其次，该资管巨头还通过独立的风险及量化分析团队实现了自上而下的监控。各投资团队都配有专门的风险及量化分析团队成员，他们通过端到端的投资管理系统对持仓风险进行评估，并与投资经理定期召开会议，确保组合所承担的风险以及预期收益与投资目标保持一致，从而保证投资团队有纪律地开展投资。

- **问题8：如何打造客户导向的销售和服务能力？**

在数字化和财富与资管融合的趋势下，资管机构如何从过去的产品销售导向转变为客户导向？

我们认为资管机构应首先重新梳理和优化客户旅程和客户服务体系。即从客户旅程视角梳理和明确在客户投前、投中、投后、复购的全生命周期中资管机构的定位。在梳理过程中，资管机构应重新思考三大问题，即在这些环节客户有哪些需求和痛点？我们可以提供什么样的产品和服务来满足这些需求和痛点？我们通过哪些内外部渠道和场景提供这些产品和服务？

然后围绕定位需求，系统性升级客户品牌体系、渠道场景能力、客户经营能力。一是升级产品和服务品牌体系。公募基金公司近年来在品牌建设上显著加大了投入，但更加侧重于公司品牌、基金经理品牌。银行理财子公司由于自身以零售客户为主及与母行深度协同的特点，更加重视产品和服务品牌体系。例如光大理财打造"七彩阳光"理财产品品牌和服务体系，让财富客户能够用更直观的方式感知可获得的产品和服务。二是升级触客渠道场景。一方面资管机构应积极布局新渠道、新场景，尤其是各类数字化渠道和养老等生态融合场景；另一方面与分销渠道深化合作关系，在数字化客服工具、投顾投研能力等领域全方位赋能渠道。三是升级客户经营能力。尤其借鉴消费互联网企业，基于数据分析，利用数字化手段和工具，根据自身渠道和场景特点，围绕获客、活客开展精细化客户经营。这对于大多数资管机构都提出了新的人才、工具、科技要求。资管机构一方面要能够通过对客户基础数据、历史交易、第三方数据等信息的整合分析，获取更为深刻的客户洞察；另一方面基于客户洞察，围绕客户生命周期提供针对性的投前投资者教育、投中投资者服务与投后投资者陪伴。

- **问题9：如何系统性提升产品创新与布局能力？**

产品职能长久以来在中国资管机构中未得到重视。产品职能扮演执行者角色，落实投研或销售所提出的产品创设需求。然而随着市场变化越来越快，资管机构有必要大幅提升自身的产品能力，成为衔接及引领投资、研究和销售、服务两端的中枢。

借鉴海外领先机构的实践，未来可考虑从三个方面拓展产品职能和定位。一是强化产品战略职能，这一职能从客户视角出发，把握产品未来的发展方向和机遇，支持前瞻性产品布局，例如某全球领先资管机构产品战略团队为了促进与客户的沟通，将传统按照资产类别的产品划分方式转变为以客户需求定位的十大投资能力[①]，并设立十位能力专家（Capabilities Manager），更好地管理十大投资能力下的产品定位、投资策略、客户沟通等。二是强化市场洞察职能，某机构早在2015年便成立了市场洞察团队，该团队通过研究整体市场、竞争对手、客户群体，深度挖掘客户需求，支持销售和产品开发，从而保障公司持续开展前沿产品创新。三是设立产品专家职能，产品专家内嵌于投资团队，通过形成对产品的深刻理解，深度连接客户需求和投研，将客户需求转化为投资建议，向客户精准沟通公司所提供的产品和服务。

---

① 包括绝对收益、高Alpha股票、企业债券、新兴市场、收息、多元资产、私人资产、退休、解决方案和可持续发展。

3.4 夯实基础：科技的一跃

由于历史沿革和规模体量的差异，资管与银行、保险等金融行业相比，科技投入不足，基础薄弱。然而数字时代加速到来，落后的科技基础设施及组织机制已成为制约资管机构面向未来发展的重大瓶颈。面向未来要求，资管机构需实现科技体系的关键一跃（参见图3-5）。

- **问题10：如何构建面向未来的科技体系？**

资管机构在科技体系建设上需同时解决"硬件"和"软件"两方面的问题。

"硬件"是指系统和数据。中国资管机构的系统架构中仅交易系统较为成熟，其他业务系统成熟度不足且相互割裂，严重制约了业务效率和投资能力提升。中国资管科技系统供应商多以交易系统起家，在交易的准确性和实时性方面已能较好地满足机构需求。然而随着投研、组合管理、绩效风控、后台运营等其他业务环节的数字化需求出现，在缺乏整体架构规划的情况下建设一个个"烟囱式"独立系统，供应商不同、数据不同，带来了关系割裂、难以拓展、安全性差和兼容性低四大痛点。全球最领先的资管机构已经建立了端到端、前中后台整合的投资管理系统，实现了公司只有一套系统，底层采用统一的数据库模型连接所有数据，避免出现数据孤岛，并实行统一的业务流转流程，从而解决了跨国资产管理公司跨地区、跨资产类别的系统整合问题。

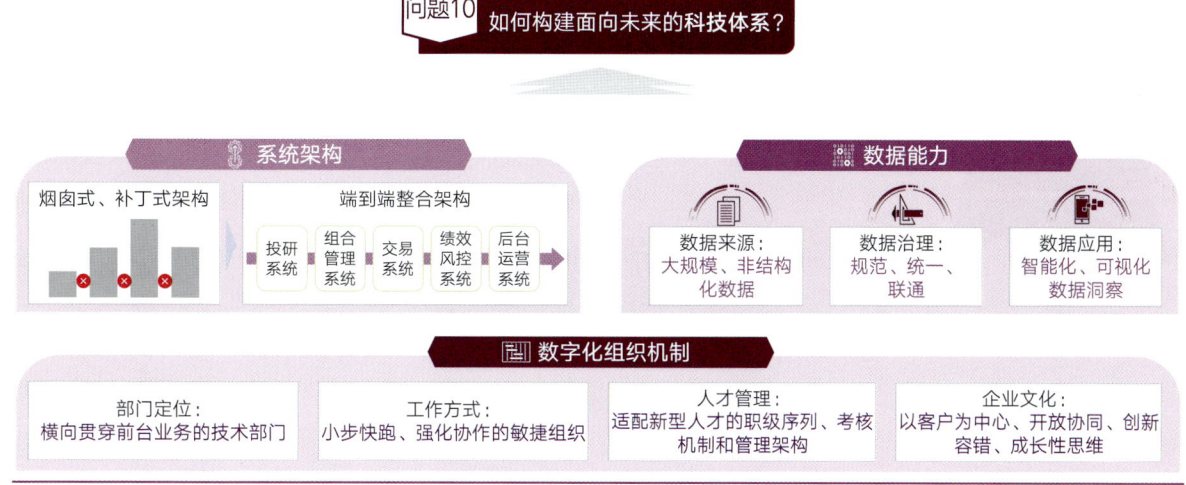

图3-5　中国资管机构应利用好科技这一未来最重要的生产要素，回答好关键问题

（资料来源：BCG分析）

"软件"是指人才和机制。系统架构的优化及善用，最终需要数字化组织机制来承接。而目前中国绝大多数资管机构的科技组织机制不能满足数字时代需要。建议资管机构从以下四个方面入手焕发组织活力。在部门定位上，不同于目前传统IT部门定位后台的支持性角色，数字化组织中的技术部门应是贯穿前台业务团队的横向部门，统一汇集和分析纵向各业务部门的开发需求，打造具有强前瞻性和可复用性的数字工具。在工作方式上，不同于行业中传统的精英作战或小团队协作法，数字时代要求资管机构建设能够跨职能充分协作、激活各成员主观能动性的敏捷工作法，以在数字化转型过程中小步快跑、持续迭代。在人才管理上，资管机构应聚焦建设一支敏捷协作的系统开发队伍，包括产品经理、开发运维及测试工程师等，以及一支高水平的创新型数字化人才队伍，包括大数据工程师、AI科学家等，并从职级序列、考核机制、管理架构三个方面设置配套的人才管理机制。例如，英国某领先保险系资产管理公司通过敏捷转型激发组织活力，预计能够压降26%~31%的人力成本。

以上使命、模式、能力、科技四大领域的十大问题，是我们认为中国资管行业在关键一跃中必须回答好的问题，未来需要整个行业深入研究和共同努力方能得出答案。接下来，我们将在第4章和第5章重点展开回答使命方面"如何回归对投资者负责的本源？"和"如何助力实体经济转型？"两大根本性问题，以启发更多行业机构和从业人士对中国资管行业关键一跃的进一步思考（参见图3-6）。

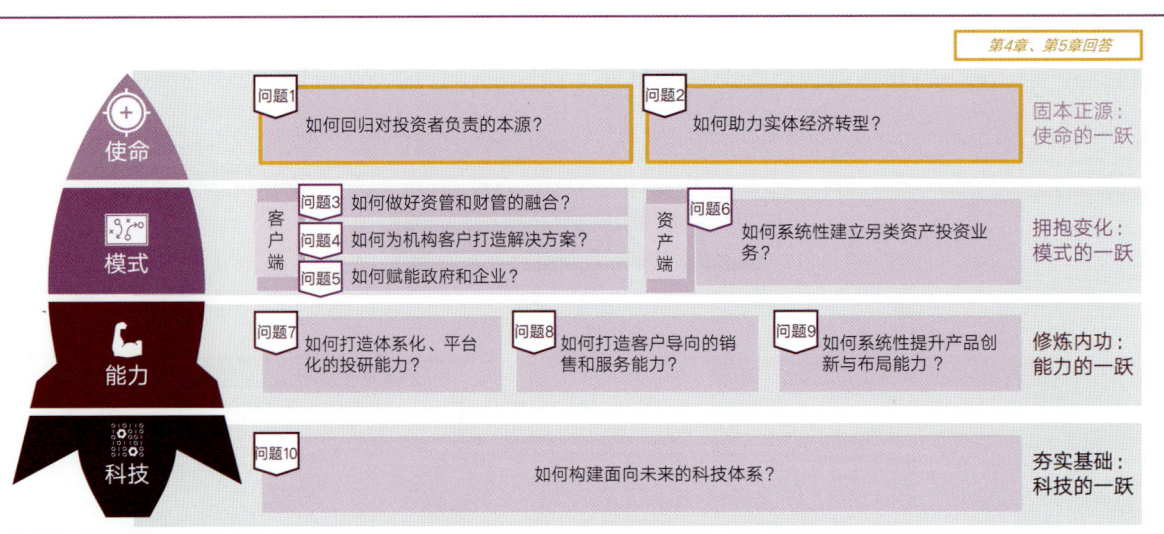

图3-6 中国资管行业关键一跃的四大领域十大问题

（资料来源：BCG分析）

专题二

中外资管行业及产品体系对比

资管产品的广度和深度代表了一个国家资管市场的发展阶段，也是资管机构识别未来潜在发展机遇的重要依据。我们从数据出发，以美国市场为例，分别从大类产品和细分策略层面深入对比中外资管行业的产品丰富度差异。

• **中美资管市场整体产品供给对比**

根据BCG全球资产管理市场数据库，中国资管行业在主动管理型特殊产品、另类产品、解决方案型产品和海外市场产品四大产品类别的发展上仍存在不足（参见图1）。

在主动管理型特殊产品中，中国特殊固定收益产品类型有待扩充。中国特殊固定收益产品受限于底层债券资产的种类、规模和流动性，品类相对匮乏。以债券型基金为例，根据晨星（Morningstar）的分类①，中国债券型基金仅包含积极债券、普通债券、纯债、利率债、信用债和短债6类，而美国债券型基金的种类则极其丰富，总体可划分为应税债券和市政债券两大类，并向下细分为37个子类别。中国特殊股票产品虽然发展已较为成熟，但在实际投资中，基金经理为了追求更好的绝对或相对收益，经常依据市场风格切换作出策略调整，导致基金风格漂移。

在另类产品中，中国流动性另类产品、大宗商品和结构化产品尚处于发展的起步阶段。以另类投资基金为例，根据晨星的分类②，中国另类投资基金仅有市场中性策略这一单一品种，而美国另类投资基金可按投资策略不同向下细分为17个子类别③。中国另类产品缺失的主要原因包括：第一，中国资管机构综合投资能力有限，尚未诞生覆盖全资产类别的多元化、综合化资产管理集团。全球资管巨头如贝莱德、摩根资管、富达等都具备覆盖全风险和收益维度的另类投资能力，包括房地产、信用（Credit）、私募股权、对冲基金和多另类组合管理（Multi-alternative Portfolio Management）。④第二，国内衍生品市场起步较晚、发展滞后。第三，国内监管对于资管产品的另类资产投资范围有一定限制。然而根据美国证券交易委员会（Securities and Exchange Commission，SEC）规定，共同基金和封闭式基金皆可投资另类资产，只是每只共同基金不可持有超过15%的非流动性资产，封闭式基金则不受此限制。此外，美国共同基金中专门有一类另类

---

① 根据晨星自2021年10月31日起采用的最新中国公募基金（非QDII）分类标准。
② 根据晨星自2021年10月31日起采用的最新中国公募基金（非QDII）分类标准。
③ 包括股票空头、多币种、单一币种、多空信用、多空股票、市场中性、多策略、管理期货、期权策略、波动率交易策略、正向杠杆商品、反向杠杆商品、正向杠杆债券、反向杠杆债券、正向杠杆股票、反向杠杆股票、其他杠杆型产品。
④ 公司官方网站。

投资基金（Alternative Fund），即投资于非传统底层资产或使用了复杂投资及交易策略的共同基金，其中对于非传统底层资产，SEC认为除了传统的股票、债券以及现金类投资品种外，其他投资品都可纳入非传统底层资产，包括房地产、初创公司、大宗商品等。

一级分类	二级分类	三级分类	发展阶段
主动管理型核心产品	货币市场产品		
	固定收益核心产品	主动管理型国内政府和企业债务	
	核心股票产品	主动管理型国内大盘股	
主动管理型特殊产品	特殊固定收益产品	高收益债券	
		灵活债券	
		通胀挂钩债券	
		结构性金融——资产支持证券	
	特殊股票产品	中小市值	
		行业板块	
另类产品	流动性另类产品	绝对回报	
		多头/空头	
		市场中性共同基金	
		市场波动性共同基金	
	大宗商品		
	结构化产品		
	基础设施		
	私募债		
	房地产		
	私募股权		
	对冲基金		
	私募基金组合基金		
	对冲基金组合基金		
解决方案/LDI	平衡型		
	解决方案	目标日期	
		期限目标基金	
		OCIO	
	LDI		
被动型产品（不包括ETF）	被动型股票		
	被动型固定收益产品		
ETF	股票ETF		
	固定收益ETF		
海外市场	海外市场固定收益产品	新兴市场	
	海外市场股票产品	海外	
		全球	
		新兴市场	
	海外市场混合型		
	海外市场另类投资		

■ 中国发展成熟　■ 中国正在发展　■ 中国发展欠缺

图1　中国在主动管理型特殊产品、另类产品、解决方案型产品、海外市场产品四大类别上仍存在不足

（资料来源：BCG全球资产管理市场数据库、BCG分析）

在解决方案型产品中，主要面向零售的目标日期型基金在中国尚处于发展中，面向机构的外包首席投资官（OCIO）以及负债驱动型投资（LDI）则尚处在起步阶段。截至2021年末，中国全市场仅66只目标日期型基金，总规模约172亿元[①]；而美国目标日期型基金已经成为养老体系的重要组成部分，截至2021年末，总规模达3.27万亿美元[②]。OCIO及LDI在中国正处于探索阶段，而这两类产品已成为美国资管机构面向机构客户的重要增长点。其中，OCIO尤其受到寻求更完整解决方案的资产所有者追捧，用于应对未来市场的变幻莫测，美国OCIO资产规模2020年增长27%，达2万亿美元。[③]LDI等定制化解决方案产品主要满足养老金计划和保险等机构客户对于负债驱动型投资的需求，借此来对冲利率风险、重新评估投资组合资产配置，确保有足够的流动资金以供支付或流出。

从投资海外市场产品来看，中国资管行业国际化投资程度较美国仍有较大差距。以投资于海外市场的股票基金为例，截至2021年末，中国所有投资于海外市场的股票型基金规模总计140亿美元，仅占中国公募基金市场的0.6%；[④]而美国截至2021年末，仅环球股票型基金这一类型的资产规模就达到3.89万亿美元，占全美共同基金资产规模的12%[⑤]。

• 造成中美资管产品差异的根本原因

从国际化程度来看，美国资管和资本市场是一个全球化市场。美国的资管机构一方面在资金端获取和服务全世界范围的投资人，另一方面在资产端投向全球各主要市场的资产。而中国资管市场和资本市场目前还是一个以中国本土资金和境内资产为主的市场。未来的国际化拓展还有待于人民币国际化的发展以及资本市场开放化的发展。

从底层资产来看，美国作为全球第一大资本市场，各细分资产类别都具备足够的广度、深度以及活跃度，在此基础上资管机构能够打造出精细化、全面化的投资工具。在广度上，美国底层资产丰富多样，资产类别划分精细。例如，根据SIFMA，美国债券细分为市政债券、国债、住房抵押贷款证券、企业债券、联邦机构证券、货币市场工具以及资产支持证券。在深度上，每一类资产都具备足够的深度来满足策略交易需求。仍以债券为例，美国拥有全球最大的债券市场，规模达48万亿美元，占全球总规模的近40%，而中国市场占比仅为16%。[⑥]在活跃度上，美国资本市场高度活跃。美国债券市场2021年日均交易量达9570亿美元；[⑦]而中国2021年银行间债券市场日均成交8578亿元，交易所债券市场日均成交1190.4亿元。[⑧]中国资本市场在广度、深度以及活跃度上与美国仍有差距，从源头上抑制了资管产品的发展。

---

① Wind。基金数量根据合并份额统计。
② 晨星。其中包括共同基金1.80万亿美元，CITs（Collective Investment Trusts）1.47万亿美元。
③ Cerulli。
④ Simfund。中国投资于海外市场的股票型基金包括北美股票、亚洲国家股票、环球股票、亚太除日本股票、欧洲国家股票、日本股票、印度股票、英国股票、欧洲股票、亚太股票、新兴市场股票型基金。
⑤ Simfund。
⑥ 国际清算银行（Bank of International Settlements）。数据截至2021年第二季度末。
⑦ SIFMA。
⑧ 中国人民银行。

从资金体量来看，美国资管市场拥有足够大的资金体量来支撑广泛而丰富的资管产品。截至2020年末，美国资管市场资金端规模约59万亿美元[①]，而中国资金端供给约107万亿元人民币[②]。以ETF产品为例，全球最大的标普500 ETF发行者在美国市场共发行137只ETF，追踪127只不同类型的指数，且单只ETF的平均资产规模达80亿美元。[③]

从资金结构来看，美国资管市场由机构资金主导，机构资金高度强调资产配置和策略细分，促使资管机构产品更加体系化、精细化。一方面，机构资金通常根据基准进行资产配置，再根据每一细分资产类别的比例寻找相应的投资工具，迫使资管机构提供的产品必须足够细分以匹配机构资金的资产配置需求。另一方面，机构投资者通常在基金合同中对偏离基准有非常严格的约束，例如较基准的久期相差不超过一年等，这进一步强化了资管产品的精细化。而在中国，机构投资者的资产配置意识尚待强化。

从客户理念来看，美国零售投资者理念"机构化"，注重资产配置而非选股择时，对投资工具精细化提出更多需求。美国零售资金主要通过投顾开展投资，看重中长期稳定回报而非赚短期快钱，资管机构致力于提供最佳的精细化投资工具供投资顾问搭配和选择。中国零售投资者在过去长时间的刚兑文化之下，对资产配置的概念较为薄弱，对投资顾问接受度不高，大多将配置和择时的使命交给基金经理，因而资管机构通常致力于供给股债配置灵活的混合型产品。

- **中美公募基金产品结构深度剖析**

公募基金公司是中国资管行业的领先机构，具有市场领先的产品能力，产品信息也较为公开透明。我们在此进一步深入剖析中美公募基金的产品结构差异，以帮助中国以公募基金公司为首的资管机构识别出潜在机遇。

在整体产品结构中，中国公募基金权益类产品占比低于美国，且权益类产品中混合型基金占比远高于美国（参见图2）。这一差异的背后主要有三点原因。首先，美股牛长熊短，投资者并不倾向于配置仓位灵活的混合型基金。其次，不同于中国零售投资者自主选择基金产品，且依赖于混合型基金进行资产配置，美国零售投资者主要通过投顾开展投资，由投顾购买一篮子单一资产类别的基金来实现资产配置目的。最后，美国投资者投资共同基金主要出于养老储蓄需求，因此投资周期更长并且更能容忍短期回撤，这使美国养老金多选择具有高收益的股票型基金进行投资。

---

① Cerulli。
② BCG2020年中国资产管理市场模型。
③ 公司官方网站。数据截至2022年1月13日。

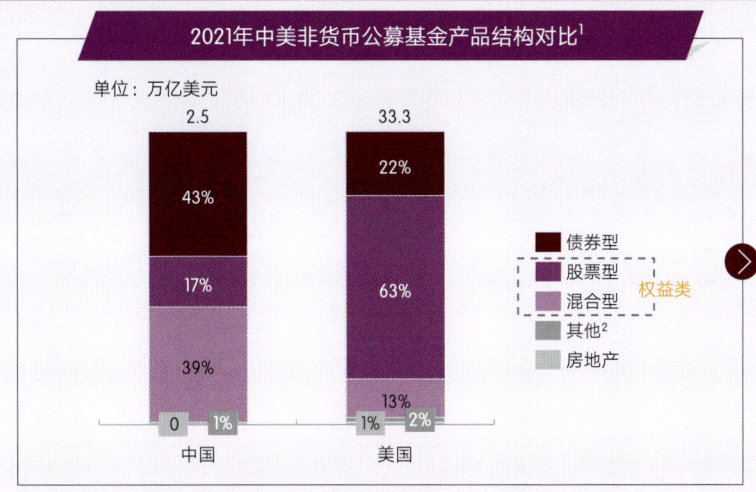

图2 中国权益类产品占比仍较低,且由混合型基金主导

(资料来源:Simfund、BCG分析)

从细分产品结构来看,通过对比,我们主要有以下发现(参见图3)。

(1)债券型基金

第一,中国债券型基金国际化程度远不及美国(参见图3中发现点A1),几乎所有债券型基金都投向国内市场,而美国仅环球债券型基金就占债券型基金总规模的9.2%。第二,中国债券型基金种类丰富程度不及美国(参见图3中发现点A2),美国债券型基金种类极为丰富,包括美元企业债、美元市政债、美元政府债、高收益债基金等多个细分类别。

(2)股票型基金

第一,中国股票型基金国际化程度远落后于美国(参见图3中发现点B1),投向海外市场的股票型基金占比非常低,而美国仅环球股票型基金就占股票型基金总规模的18.7%。第二,中国股票型基金分类中较少考虑持仓风格与市值等因素,机构扎堆行业主题型基金(参见图3中发现点B2),其占中国股票型基金总规模之比高达35.2%,远高于美国的6.5%,主要由于中国行业主题ETF在近两年市场结构性行情中的强劲增长。

(3)混合型基金

第一,中国激进配置型和灵活配置型基金占混合型基金总规模之比很高,合计达85.6%,而美国这一比例仅为25%(参见图3中发现点C1),主要由于中国投资者倾向于通过激进配置型和灵活配置型基金同时实现股票投资和股债间的灵活配置,加之投资经理也习惯通过这两类基金灵活调整股票配置比例从而减少波动。第二,中国目标日期型基金发展程度远不及美国(参见图3中发现点C2),得益于美国养老金顶层设计改革,美国目标日期型基金得到了充分发展,截至2020年末美国85%的目标日期型基金规模来源于养老金账户。[①]

[①] ICI。养老金账户包括个人退休账户(IRAs)和确定缴费型(DC)计划,占比分别为18%和67%。

（4）其他类型基金

相较于美国，中国市场规模小、品种单一且发展滞后，主要受制于中国衍生品市场的落后以及监管部门对于公募基金投资衍生品的限制。

在细分产品结构的基础上，进一步考虑主动、被动投资结构，我们发现中国公募基金被动化及指数化程度整体落后于美国。中国被动投资规模占比仅为14%，而美国这一比例已接近40%。事实上，中国股票型基金被动化程度已相对较高，其中股票基金和行业股票基金的被动化程度均超过50%，而海外市场股票基金更是多以被动方式运作。然而，权益类基金被动化程度较美国仍有较大差距，中国权益类基金被动投资规模占比仅为29%；美国权益类基金中被动投资规模已超越主动投资规模，规模占比达52%。另外，中国债券型基金被动化程度仍有待提升，其被动投资规模占比仅为6%，美国则达29%，其中美元政府债券被动投资规模占比已达56%。

中国

分类²	AUM（百万美元）	AUM占比³（%）	被动投资规模占比⁴（%）
债券			
人民币债券	945993	87.62	4
人民币短期债券	121691	11.27	22
可转换债券	9990	0.93	1
目标到期债券	693	0.06	0
全球债券	630	0.06	0
亚太债券（HC）	450	0.04	0
高收益债券	115	0.01	0
亚太债券（LC）	40	0.00	0
新兴市场债券	33	0.00	0
其他债券	13	0.00	0
美元债券	12	0.00	0
股票			
中国股票	269203	61.60	63
行业股票/其他	153820	35.20	70
北美股票	5239	1.20	95
亚洲国家股票	4778	1.09	74
环球股票	2314	0.53	11
亚太（除日本）股票	1303	0.30	0
欧洲国家股票	193	0.04	100
日本股票	72	0.02	67
印度股票	58	0.01	0
英国股票	15	0.00	100
欧洲股票	10	0.00	0
亚太市场股票	6	0.00	0
新兴市场股票	2	0.00	0
混合			
激进配置型	515232	51.59	0
灵活配置型	339549	34.00	0
保守混合型	122837	12.30	0
平衡混合型	21123	2.11	0
其他⁵			
商品	8473	56.97	96
绝对回报多资产	5695	38.29	0
另类—市场中性	285	1.92	0
另类—多策略	221	1.48	0
另类—管理期货	197	1.33	26
房地产 房地产股票	6954	100.00	13
合计	**2.5万亿美元**		**14.3**

美国

分类	AUM（百万美元）	AUM占比（%）	被动投资规模占比（%）
债券			
美元企业债券	3864133	52.85	33
美元市政债券	1168238	15.98	7
美元政府债券	838257	11.47	56
环球债券	672136	9.19	31
高收益债券	435723	5.96	18
灵活多部门债券	183139	2.50	0
新兴市场债券	107895	1.48	31
可转换债券	41917	0.57	19
股票			
北美股票	11885110	57.05	54
环球股票	3890047	18.67	35
北美中小市值股票	2766049	13.28	45
行业股票/其他	1343677	6.45	58
新兴市场股票	759308	3.64	39
欧洲股票	70640	0.34	87
中国股票	34226	0.16	83
亚太（除日本）股票	31994	0.15	45
日本股票	30928	0.15	82
亚太股票	17798	0.09	56
拉美股票	2101	0.01	40
混合			
目标日期型	1797948	41.18	3
平衡混合型	1214238	27.81	5
灵活配置型	831722	19.05	1
激进配置型	290166	6.65	2
保守混合型	232467	5.32	1
其他			
商品	170609	21.09	81
另类—对冲/其他	106982	13.23	7
交易—正向/反向杠杆	85561	10.58	99
另类—多策略	35422	4.38	4
另类—信用/贷款	29352	3.63	23
另类—市场中性	20949	2.59	1
另类—事件驱动	18728	2.32	5
另类—多空—美国	18423	2.28	4
另类—管理期货	13739	1.70	1
另类—多空—全球	12216	1.51	0
另类—全球宏观	6502	0.80	1
另类—波动率交易	3671	0.45	68
另类—货币和外汇	2727	0.34	70
房地产 房地产股票	284023	100.00	52
合计	**33.3万亿美元**		**39.0**

被动投资占比低于0.1　　被动投资占比高于50

注：1. 仅包含公募基金（共同基金）和ETF，不包含货币市场基金和保证基金（Guaranteed Fund）。
2. 根据Simfund Global Objectives分类。
3. 统计占子类别合计资产规模之比。
4. 被动投资包含所有指数型基金，统计该类别中被动投资资产规模占总资产规模之比。
5. 其他包括商品、绝对收益与另类投资。

图3　2021年中美公募基金¹细分产品结构对比

（资料来源：Simfund、BCG分析）

中国主动管理型基金过去五年增长较快,费率较高(参见图4和图5)。在规模增速上,中国主动管理型基金在过去5年年化增速中位数达21%,其中增速最快的是房地产股票基金、另类——市场中性基金和绝对回报多资产基金;美国市场成熟度高,在被动化趋势下主动投资增速放慢,过去5年增速仅为5%。在管理费率上,中国主动管理型基金费率仍远高于美国,中位数达100个基点,其中投资于海外市场的各类股票型基金管理费率最高;美国市场费率战持续多年且愈演愈烈,管理费率中位数仅为64个基点,其中另类投资基金管理费率最高。

中国被动管理型基金过去五年高速增长,但种类亟待扩充,费率仍高于美国(参见图6和图7)。在规模增速上,中国被动管理型基金过去五年年化增速中位数达45%,高于美国的14%,其中增速最快的是人民币短期债券基金、环球股票基金和激进配置型被动基金。在产品种类上,中国被动产品类型较少,债券型、混合型以及另类型被动产品都亟待扩充,目前规模主要集中在被动型中国股票基金和行业股票基金,2021年资金主要流向行业股票基金,净流入规模达450亿美元,占被动型基金整体净流入的58%;美国被动型产品覆盖全面,各类型基金中被动投资都在逐步替代主动投资。在管理费率上,中国被动管理型基金费率仍高于美国,中位数为51个基点,是美国被动型基金费率的近两倍。

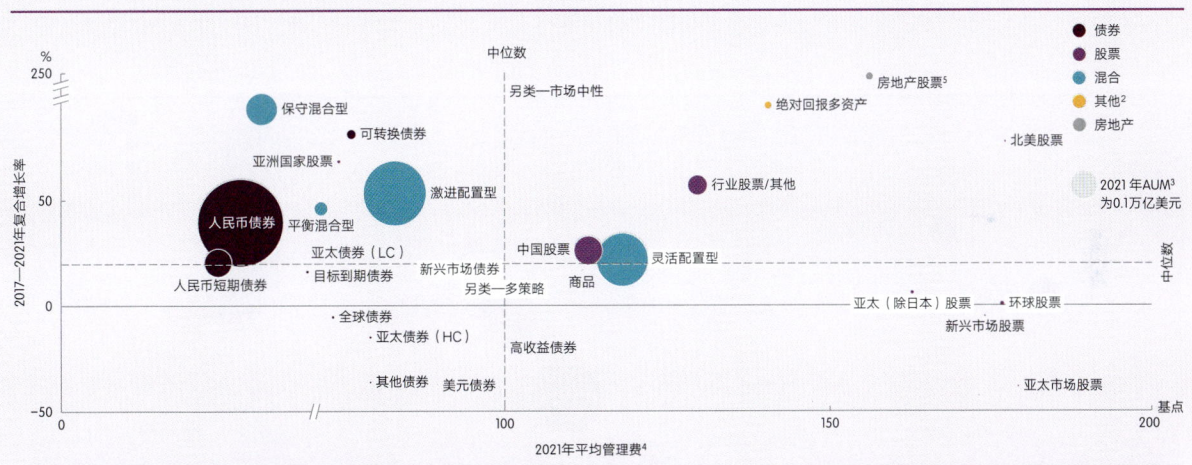

注:1. 仅包含公募基金和ETF,不包含货币市场基金和保证基金(Guaranteed Fund)。根据Simfund Global Objectives分类。日本股票、印度股票、欧洲股票、另类—管理期货基金由于2017年AUM为0,2017—2021年复合增长率不可得,因此在图中未显示。
2. 其他包括商品、绝对收益与另类投资。
3. 数据截至2021年12月31日。
4. 统计各细分类别2021年加权平均管理费,权重为各只基金2021年资产管理规模。
5. 房地产股票平均管理费为2020年数据。

图4 中国主动型公募基金¹细分类别规模、增速、费率全景图

(资料来源:Simfund、BCG分析)

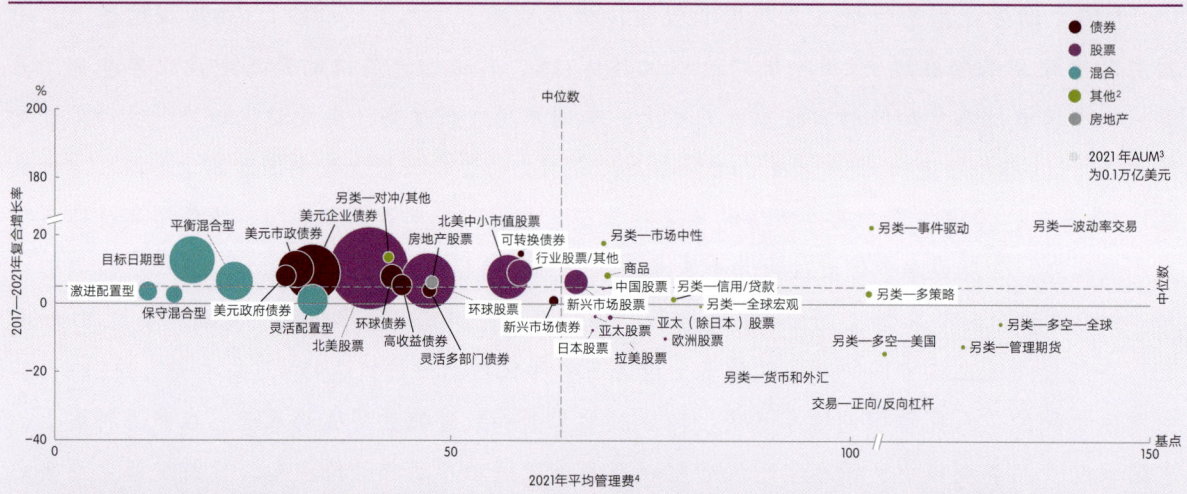

图5　美国主动型公募基金¹细分类别规模、增速、费率全景图

（资料来源：Simfund、BCG分析）

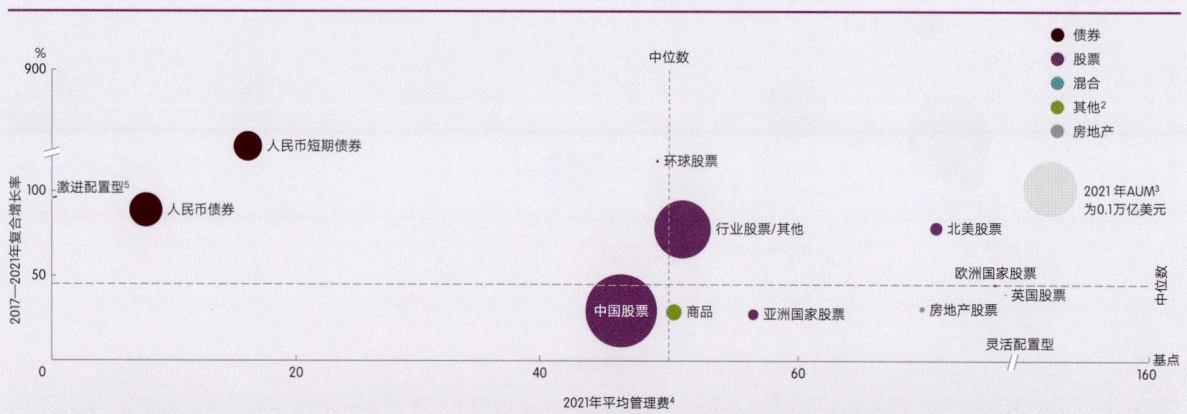

图6　中国被动型公募基金¹细分类别规模、增速、费率全景图

（资料来源：Simfund、BCG分析）

• 专题二：中外资管行业及产品体系对比

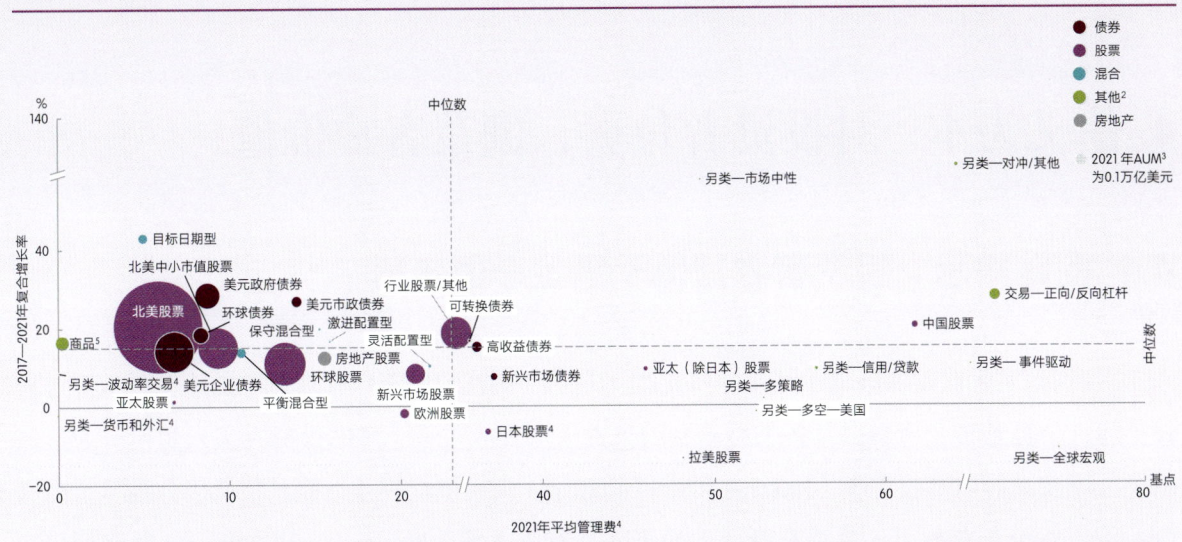

注：1. 仅包含公募基金和ETF，不包含货币市场基金和保证基金（Guaranteed Fund）。被动型产品包含所有指数型基金。根据Simfund Global Objectives分类。另类—管理期货基金由于2017年AUM为0，2017—2021年复合增长率不可得，因此在图中未显示。
2. 其他包括商品、绝对收益与另类投资。
3. 数据截至2021年12月31日。
4. 统计各细分类别的加权平均管理费，权重为各只基金2021年资产管理规模。
5. 商品、另类—波动率交易、另类—货币和外汇型基金费率数据不可得。

图7　美国被动型公募基金[1]细分类别规模、增速、费率全景图

（资料来源：Simfund、BCG分析）

47

4. 信义为本：对投资者负责，创造客户价值

4.1 问题揭示：投资者收益低于基金净值走势

"投资者实际收益明显低于基金净值走势"是长期困扰中国资产管理行业的一大现象。过去16年间，公募基金全市场以及各类型基金的投资人实现收益率［考虑投资人买入卖出行为造成基金规模变动的内部收益率（Internal Rate of Return）规模加权收益］都显著低于公募基金名义收益率［假设在期初买入并持有至期末的买入持有收益率（Buy-and-hold Return）时间加权净值］（参见图4-1和图4-2）。自2004年12月至2020年6月，全市场公募基金的平均年化名义收益率达12%，而投资人的平均年化实现收益率仅为7%。假设将单只基金的投资者视为一个整体，我们就可以通过基金单位资产净值净利润率来观察投资者的实际收益率。以单只偏股混合型基金为例（参见图4-1和图4-2），过去九年间，投资者实际收益率持续低于基金公司所宣传的基金净值走势，二者间的差额即为投资者收益损失，主要是投资者在渠道和基金公司推波助澜之下频繁买卖、跟风追涨、过早止盈止损等行为所导致。

这一现象长期困扰行业，是一系列复杂、根本的问题的综合体现。要实现这一关键一跃，我们需要从源头出发，体系化地思考解决方案。通过回溯资管行业本源，我们认为资管行业应该从核心宗旨、三大机制、三大业务抓手重点发力（参见图4-3）。以下，我们将在4.2中重点讨论资管行业应如何贯彻"投资者利益优先"的信义义务；在4.3中阐述资管行业如何在信义义务宗旨下建立利益分配机制、信息披露与评价机制以及监管与托管机制，以保障投资者利益优先，解决利益冲突；在4.4中进一步提出资管机构促成"为投资者负责"的三大业务抓手，引领中国资管行业回归对投资者负责的本源。

• 4.信义为本：对投资者负责，创造客户价值

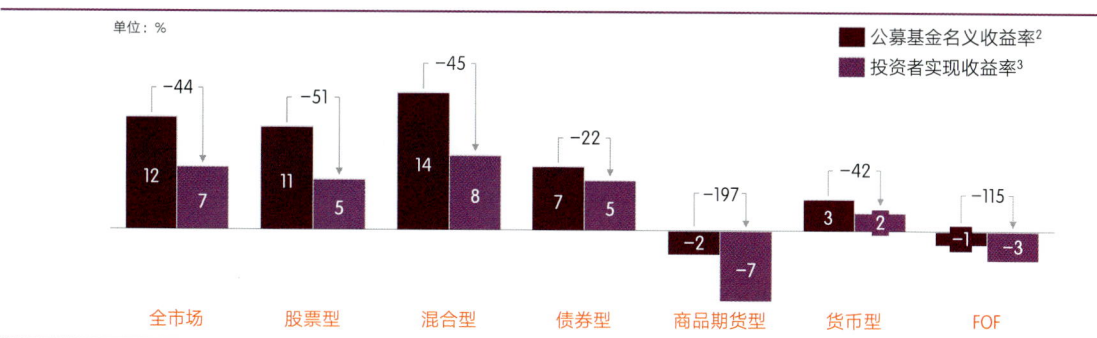

注：1. 覆盖中国市场所有公募基金，数据统计时间为2004年12月至2020年6月。对于多份额类别的基金产品，只考虑该基金产品的主要份额。
2. 公募基金名义收益率为基金买入持有收益率BHR（Buy-and-hold Return）的几何平均。
3. 投资者实现收益率为投资者内部收益率IRR（Internal Rate of Return）。

图4-1　公募基金全市场——投资者实现收益率与公募基金[1]名义收益率

（资料来源：余剑峰、林炆、文柱柱、何为：《公募基金名义收益率与投资人实现收益率——公募基金发展受限原因初探》，清华大学五道口金融学院资产管理研究中心；BCG分析）

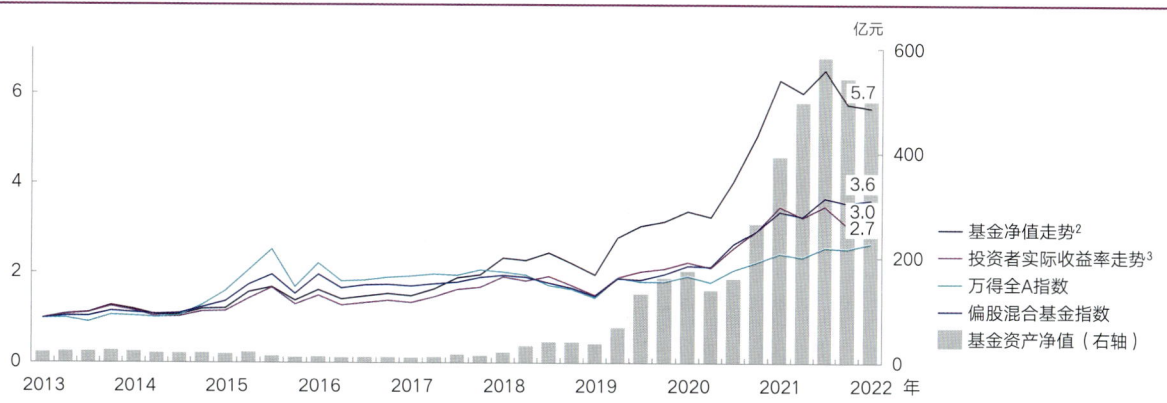

注：1. 此处选取单只偏股混合型基金为例，数据统计时间为2012年12月31日至2021年12月31日。
2. 基金复权单位净值。
3. 投资者收益率为单位资产净值利润率，等于单季度基金利润除以期末基金资产净值。

图4-2　以单只基金为例[1]——投资者实际收益率与基金净值走势

（资料来源：Wind、BCG分析）

49

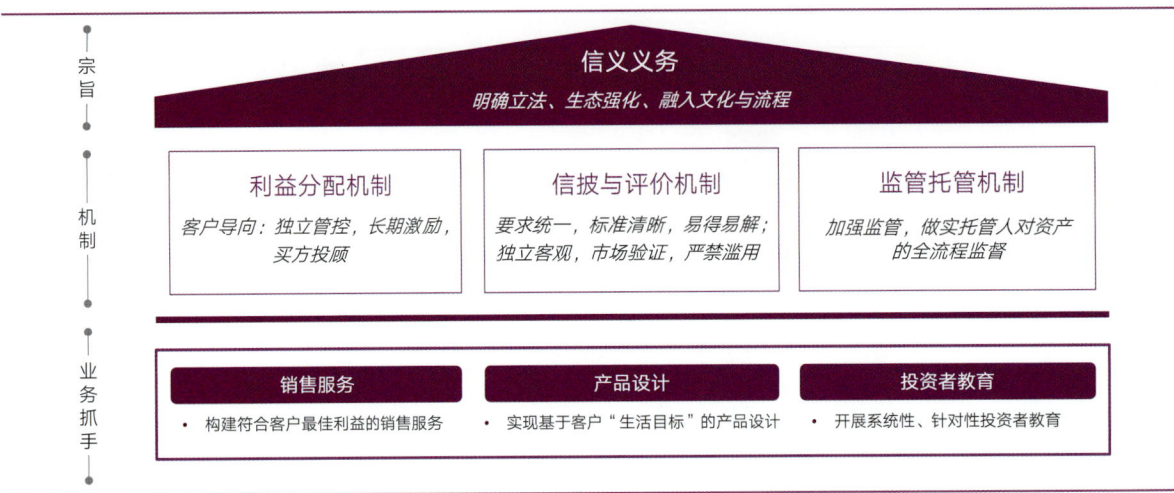

图4-3　通过一个宗旨、三大机制、三大抓手推动行业更好地实现客户价值

(资料来源：BCG分析)

4.2 核心宗旨：贯彻信义义务，融入流程文化

4.2.1 信义义务是法律底线要求

全球领先资产管理公司已经形成统一认知，将信义义务（Fiduciary Duty）作为公司的立身宗旨，其来源于美国为解决共同基金"一仆二主"利益冲突制定的法律规范。美国共同基金大多设有董事会监督基金管理公司的运作，但董事会主席通常由基金管理公司的CEO担任，导致基金董事"一仆二主"，同时服务于股东及投资者（参见图4-4）。为解决投资者与资管公司之间的利益冲突，早在1940年，美国就立法明确了投资顾问（Investment Adviser）[①]对其客户负有"以投资者利益优先"的信义义务。[②]

[①] 根据SEC，投资顾问是指以获取报酬为目的，通过直接管理客户资产或通过书面出版物的方式提供投资建议或进行证券分析的任何个人或企业。
[②] SEC《1940年投资顾问法》第206条规定了投资顾问的联邦信义义务，明确其在任何时候都必须为基金的最佳利益行事。

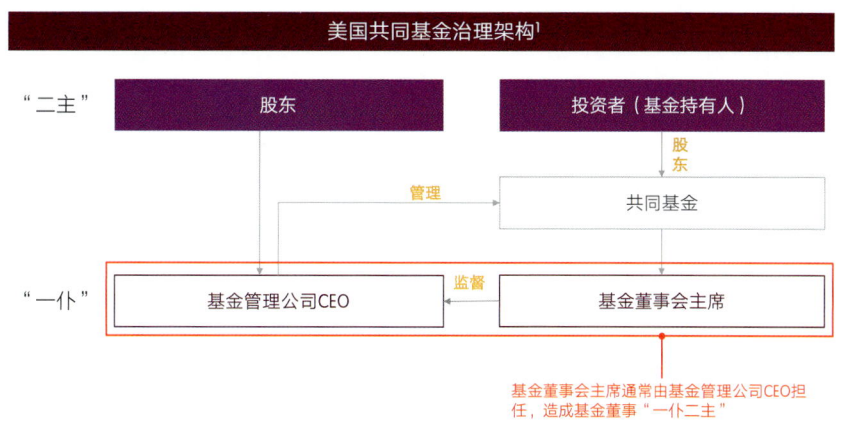

图4-4 共同基金的治理架构导致基金董事"一仆二主"

(资料来源:BCG分析)

此后长期以来,业界对于信义义务内涵的理解与执行都缺乏明确标准。直至2019年6月,为了重申并进一步澄清《1940年投资顾问法》第206条对投资顾问规定的信义义务,SEC正式发布《美国证券交易委员会对于投资顾问行为准则的解释》(简称《最终解释》)①,明确信义义务的要求是投资顾问必须始终为其客户的最佳利益服务,具体包含忠实义务(Duty of Loyalty)和审慎义务(Duty of Care)。

忠实义务要求投资顾问不得将自己的利益凌驾于客户利益之上,其核心在于如何解决利益冲突问题。履行忠实义务的主要手段是信息披露,投资顾问必须消除,或者至少通过充分、公平的披露,向投资者揭示所有可能导致其有意或无意提供不公正建议的利益冲突。

审慎义务要求投资顾问基于客户目标,为其客户的最佳利益提供投资建议。投资顾问必须尽心尽力、专业审慎,始终将投资者的利益最大化作为其行为准则。审慎义务包括但不限于以下三大义务:提供符合客户最佳利益的投资建议的义务;为客户争取最佳交易执行的义务;提供建议并在服务进程中持续监控的义务。

4.2.2 行业生态强化信义义务有效践行

信义义务是基于一定原则(Principles-based),并且灵活有效地作为投资顾问的行为准则。在实际执行中,这一原则是通过行业生态的共同监督得以有效践行的。首先,对于客户来讲,信义义务是选择资管机构的核心评价标准之一,因此以机构客户为代表的资金方对于资管机构的治理结构、利益绑定机制等高度重视,对于违反信义义务的资管机构零容忍。其次,监管通

---

① Commission Interpretation Regarding Standard of Conduct for Investment Advisers。

过监管处罚来强化信义原则。最后，在这样的生态监督环境下，领先机构积极推动将信义义务融入流程、文化之中，建立起流程导向的具体细则以进一步诠释和实践信义义务。以下，我们详尽展现了海外领先资管机构对于信义义务的诠释与实践，以帮助中国资管机构更直观地理解何为信义义务以及如何实践。

全球最大的资产管理公司从三大维度拆解信义义务，设定细则（参见图4-5）。在投资策略和利益冲突中，其通过系统控制和管理监督，确保客户资产按照其投资策略进行管理，并设置完善的合规体系，识别、上报、避免和监测潜在或实际存在的利益冲突。在风险管理中，风险及量化分析团队通过独立的、自上而下和自下而上的监督来识别投资、交易对手、运营、合规和技术风险，同时需确保投资组合的风险敞口与委托账户要求一致，反映特定策略中的投资主题，并符合客户特定的风险准则。在薪酬政策中，公司通过员工股票购买计划扩大员工持股，以强化长期激励导向，引导员工更加关注为投资者创造长期稳定的收益。

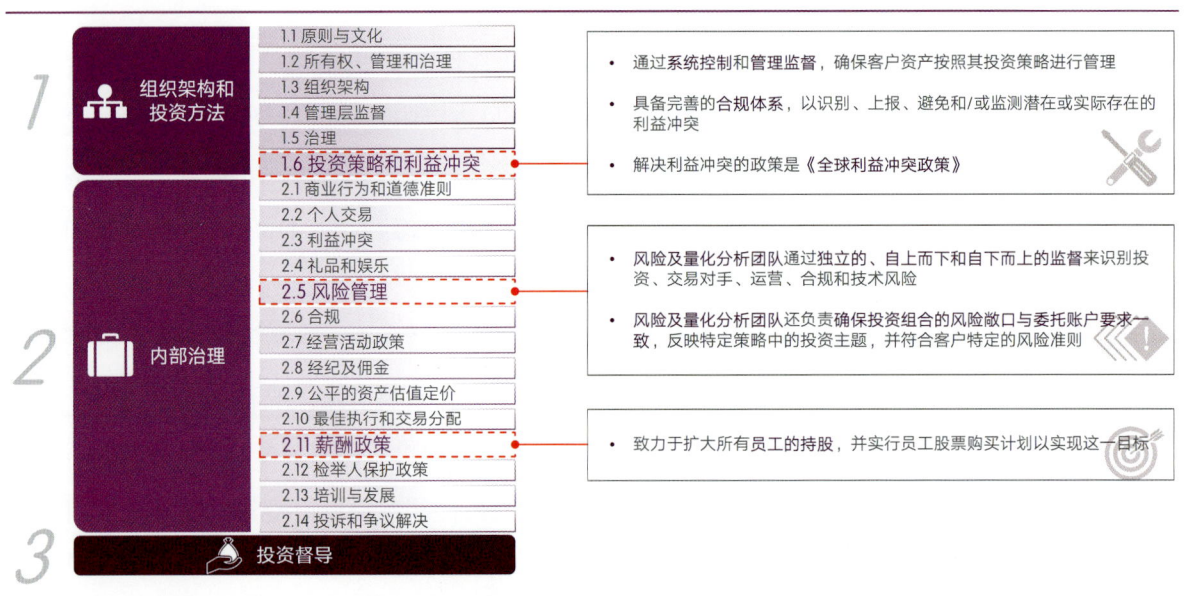

图4-5　海外领先资管机构建立起流程导向的具体细则，进一步诠释和实践信义义务

（资料来源：公司官方网站、BCG分析）

4.3 三大机制：避免利益冲突，促进规范透明

4.3.1 树立客户导向的利益分配机制

由于控股股东、资管机构、投资经理、销售渠道、投资者等多方主体的利益追求并非时刻一致，在此过程中投资者的利益可能受到损害。接下来，我们将从"控股股东管控资管机

构""资管机构考核投资经理""渠道分成与收费"三方面利益分配机制出发，借鉴海外良好实践，分析中国存在的问题（参见图4-6）。

图4-6　从三大方面梳理资管行业客户导向的利益分配机制

（资料来源：BCG分析）

- **控股股东管控资管机构**

控股股东有动机要求资管机构围绕股东目标开展业务，而投资者追求资管机构为其带来稳定可持续的资产增值，二者利益追求并非时刻一致。目前，中国资管机构控股股东在管控中主要存在以下两大问题：在治理结构上，资管机构股东结构相对集中；在管控模式上，资管机构在风险等方面尚未完全实现独立管控。

在治理结构上，海外领先资管机构常见两种形态，管理层和员工持股的私有化公司或者股东结构多元的公众公司。例如，某全球资管巨头股权结构分散，无单一股东控制决策，保证了管理团队拥有独立经营决策权，截至2021年末其机构投资者持股比例达80%，第一大机构股东持股比例为8%左右。[①] 在管控模式上，海外领先资管机构保持高度独立。以某全球银行系资管巨头为例，作为银行的四大业务线之一，其不仅具备完整、独立的公司管理架构，而且其CEO是公司最高级别管理机构运营委员会的成员，对资管条线的业务运作和风险全权负责。

- **资管机构考核投资经理**

过去，受股东和市场压力，中国资管机构对投资经理的考核相对偏重短期业绩、重视业绩排名和规模。这一考核机制默许且一定程度上鼓励了投资经理风格漂移、操作激进、跟风抱团等一系列变形的业务动作，可能造成投资者长期利益受损。然而近年来，领先机构已经逐步转

---

① 纳斯达克。

向长期化的经营理念，资管机构的人才与激励体系也开始走向长期导向、客户导向，关于这一话题我们将在专题三中展开讨论。

海外领先资管机构普遍强调在风险控制框架内进行规范的投资，力求穿越周期，持续超越客户目标。这一理念直接反映在对投资经理的考核机制和激励形式中：

在考核机制上，海外领先资管机构业绩考核偏重长期，强调业绩持续稳定以及承担合理风险。首先，美国前20大资管机构[①]通常考核一年、三年、五年相较同类或基准的税前业绩，且偏重长期业绩。某全球主动管理巨头更为重视长期业绩，考核一年、三年、五年、十年的绝对、相对和风险调整后收益，且各考核期业绩占比均衡。其次，海外领先资管机构在考核中重视业绩长期的持续与稳定性，某全球固定收益投资巨头会对持续且低偏离的超越基准作出奖励。此外，海外领先资管机构在考核机制中强调承担合理风险并且与客户的投资策略保持一致，如某全球固定收益投资巨头在考核业绩时会考量投资经理适当的风险暴露程度和风险管理，包括与客户目标的一致性等。此类考核机制避免了投资经理通过承担高风险博取短期超额收益，从而为投资者实现长期稳定的投资收益，值得中国资管机构思考与借鉴。[②]

在激励形式上，海外领先资管机构全面推行长期激励且形式丰富多样。美国前20大资管机构无一例外都推行了长期激励计划，长期激励形式包括限制股票、业绩奖励股、股票期权、影子股票（Phantom Stock）以及投资所管理基金等。以某全球银行系资管巨头为例，投资经理的长期激励最高可占整体薪酬的60%，且推行强制投资计划（Mandatory Investor Plan），即部分长期激励的回报率与管理组合的回报率一致，从而将投资经理与投资者的利益绑定。[③]

- **渠道分成与收费**

在中国资管行业渠道端以产品为中心的卖方代销模式下，现有涉及渠道的利益分配模式可能导致一系列与投资者利益的冲突，最终损害投资者利益。借鉴海外经验，以美国市场为例，我们观察到市场分别在"渠道向客户的收费模式"和"渠道向资管机构的收费模式"上经历了两大转型，从而实现客户利益与渠道和资管机构利益的匹配。

在渠道向客户收费模式上，从卖方代销模式转向买方投顾模式。从20世纪60年代直至2000年前后，美国投资顾问经历了长达近40年的转型，最终由过去"以产品为中心，基于交易额一次性收费（Commission-based）[④]的卖方代销模式"转向了"以客户为中心，基于资产规模持续性收费（Fee-based）[⑤]的买方投顾模式"。在卖方代销模式下，渠道的收入主要来源于一次性的基

[①] 排名根据截至2020年12月31日的AUM统计；保险资管只包括第三方资金，未包括关联机构委托的资金。
[②] 各资管机构公司公告。
[③] 各资管机构公司公告。
[④] 投资顾问的收费方式为前端收取交易佣金。
[⑤] 投资顾问的收费方式为按管理资产规模收取持续性服务费用，具体包含两种方式：一种是通过12b-1费用间接收取，另一种投资顾问直接向投资者收取基于资产管理规模的投顾服务费。

金销售服务费。渠道更有动力引导客户频繁买卖基金，以换取更多的销售佣金收入。而在管理费模式下，渠道收入与客户的持有规模挂钩，鼓励客户长期持有，匹配双方利益。具体收费模式调整经历了两个阶段的变化。一是监管部门推动价格自由化，销售佣金大幅下降，免佣基金兴起。1975年之前，美国采取固定佣金，基金销售的主要收入便是佣金，而1975年监管部门废除固定佣金制度，佣金价格战正式开启。1977年，先锋率先推出免佣基金，即不再向渠道支付任何基金销售费用，随后美国免佣基金规模快速增长，截至2020年末，长期共同基金中免佣基金规模占比已达81%。[①]1992年，以嘉信理财（Charles Schwab）为代表的折扣券商开始免除申购费及交易费，以此为起点折扣券商在美国市场中快速铺开。二是佣金下降推动渠道升级服务，开展顾问服务，收取咨询服务费。监管部门引导渠道和客户的利益一致，机构追求稳定收益，推动收费模式逐步转向以收取管理费为主。在传统的交易佣金方式下，只要基金持有人受市场影响不再进行新交易，投资顾问便无法获取报酬；而持续性销售服务费受市场影响的程度相对较小，即使在市场低迷时，投资顾问仍然可以通过提高收费比例来减少收入损失。

在渠道向资管端收费模式上，向透明化、无差异化转型。如果允许渠道在无披露的情况下向资管机构收取不同的费用，将导致渠道有动力向投资者主推佣金高或分成比例高的产品，而非真正优质且贴合客户需求的产品，同时加重投资者成本。美国市场通过两项设计避免类似利益冲突。一是设立持续性销售服务费（12b-1专项收费），使渠道与资管机构之间收费透明化。1980年SEC对《1940年投资公司法》的12b-1条进行修订，允许共同基金通过按管理资产规模收取的12b-1费用用于支付渠道长期持续服务，使客户能够明确了解渠道和资管机构之间的收费情况（参见图4-7）。二是规范、统一12b-1收费标准，避免渠道收取差异化费用。美国资管业通过禁止收取过高销售费用，要求披露12b-1使用细节以及创新份额统一定价的方式逐步解决了销售分成的差异化定价问题，从而保护投资者利益。首先，SEC规定了12b-1费用的上限，共同基金收取的12b-1费用总额限制为基金每年平均净资产的1%，其中用于广告营销的费用不可超过基金每年平均净资产的0.75%，销售服务费不可超过基金每年平均净资产的0.25%。其次，针对销售费用的差异化定价问题，为了响应美国劳工部提出的信义义务规则，近年来美国共同基金中兴起了两种新型基金份额：T（Transaction）份额和净（Clean）份额。这两类创新份额通过对所有类别以及所有基金公司发行的同类基金进行统一定价，解决了渠道向客户推荐费率更高的基金从而收取更多佣金的问题，也杜绝了基金公司乱收费，增加了透明度并解决了利益冲突。

[①] ICI。

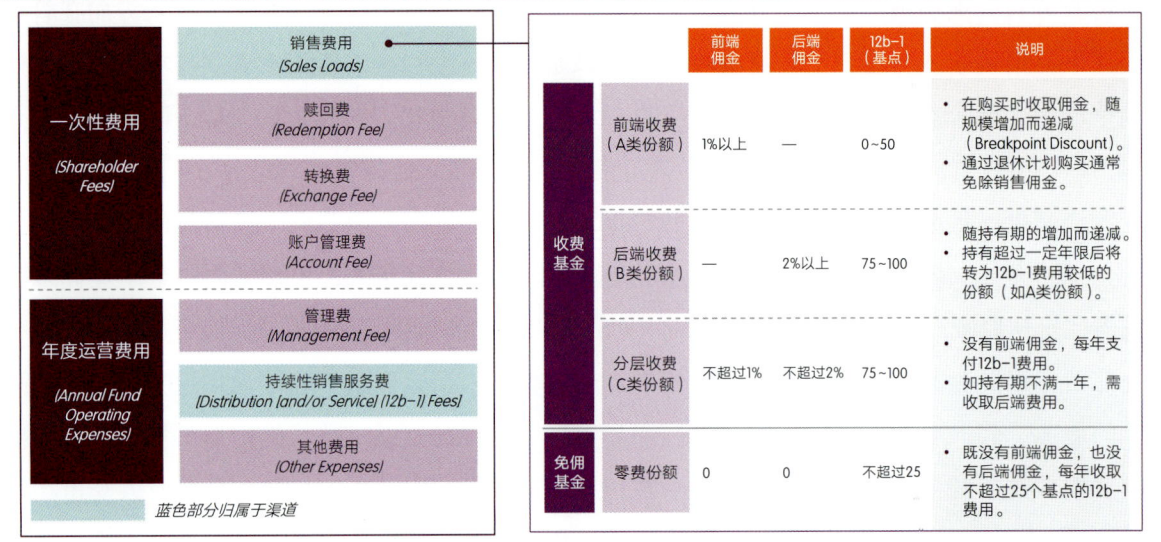

图4-7　美国共同基金费率结构

（资料来源：SEC、BCG分析）

中国市场目前正处于类似的转型阶段。首先，在渠道向客户收费模式上，互联网平台率先发起价格战，大幅降低基金申购等销售费用[①]。银行等传统渠道正被迫跟进，佣金收入下降。同时监管部门推动投顾业务，促使行业加速升级转型，部分财富机构已开始尝试向客户收取顾问管理费。其次，在渠道向资管机构收费模式上，监管部门对渠道收取的尾随佣金设定上限。我们期待中国市场在监管部门、资管机构、财富管理机构的共同努力下加速完成转型。

4.3.2　加强易解透明的信息披露及评价机制

- **监管需进一步明确信息披露要求和标准**

信息披露制度是投资者保护的基石，能够使投资者充分掌握作出明智投资决策所需的信息，有助于解决投资者与金融机构间信息不对称的问题。目前中国资管行业各类机构间由于监管规则尚未完全拉平，信息披露仍存在较大差距，对投资者跨产品类型比较形成了一定障碍。另外，资管行业的信息披露未能充分体现完整、明确、易得、易解的进阶要求，对投资者信息获取和横向比较带来了困难。

银行理财信息披露的完整性方面，各家理财公司披露内容不详尽且有差异，如对于关联交

---

① 销售费用包括：认购/申购费、销售服务费全部归属于渠道；赎回费在扣除归属基金资产部分后，渠道和资管公司一般五五分成；管理费在由资管机构收取后，以"客户维护费"即尾随佣金的形式与渠道分润，通常分成比例由渠道与资管公司自行约定。2020年10月1日"基金销售新规"正式对尾随佣金设置了上限，明确指出"对于向个人投资者销售所形成的保有量，客户维护费占基金管理费的约定比率不得超过50%；对于向非个人投资者销售所形成的保有量，客户维护费占基金管理费的约定比率不得超过30%"。

易,光大理财等部分理财公司披露了在母行托管和代销产品的托管费和代销费,而其他理财公司则并未披露。明确性方面,各家公司披露口径和格式不统一。易得性方面,部分理财公司未建立独立官方网站或App进行信息披露,2021年前开业的20家理财公司中仅光大理财、招银理财等10家机构建立了独立官方网站。[①]公募基金的整体信息披露质量高于银行理财,但在完整性方面,对于完整持仓的披露有待强化,目前并非所有类型基金都要求披露完整持仓且披露频率较低。易解性方面,基金披露内容的侧重性不足,在动辄上百页的招募说明书中,投资者难以快速获取关键信息(参见图4-8)。

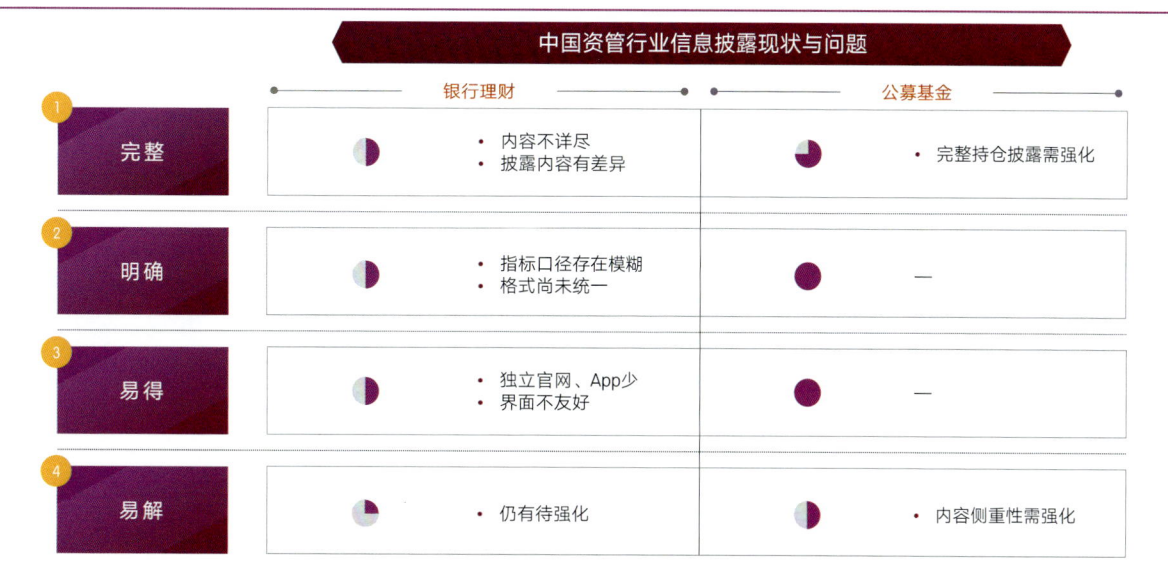

图4-8　信息披露需体现完整、明确、易得、易解

(资料来源:BCG分析)

银行理财信息披露的改进,首先可参考公募基金相关要求进行。监管要求上,《公开募集证券投资基金信息披露管理办法》等规则已明确公募基金披露内容、口径、格式、渠道等明细标准,而银行理财相关披露要求有待细化。披露平台上,所有公募基金产品必须统一向中国证监会基金电子披露网站报送信息,在规范信息披露内容与格式的同时,也为投资者横向比较提供了便利,而银行理财目前在中国理财网商业银行理财产品信息披露平台上的披露多为自发性质,尚无监管要求。

此外,为进一步提高行业整体信息披露质量,可参考海外领先实践。以美国为例,SEC以保护投资者为出发点,在信息披露核心原则中将良好的信息披露定义为:能够帮助投资者找到他们所需的信息,能够帮助投资者理解所获的信息,能够帮助投资者用所获信息作出明智的投资决策。针对持仓披露的完整性问题,SEC要求共同基金每个季度公开披露完整持仓信息,即每

---

① 截至2022年3月。

个月度向其报送月度投资组合持仓信息表（N-PORT），并在每个季度第三个月公开披露。针对信息披露内容的侧重性，SEC多次对信息披露框架进行修订。2009年，SEC提出基金公司可以只向投资者发送招募说明书摘要，只要完整版在网站上进行了公示。2016年，SEC全面革新了信息披露表格与内容[①]，强化科技在信息披露中的应用，减少重复或非必要的信息。2020年8月，SEC再次从四个方面革新信息披露框架[②]：一是打造适应零售投资者需求的股东报告，重点突出基金费用、业绩、持仓说明等关键信息，其他信息改为线上免费索取，鼓励基金管理人使用图表、电子互动报告等形式沟通；二是根据新投资者和持续投资者的不同需求调整披露内容，新投资者仍将在初次购买时收到招募说明书，之后则不会收到年度招募说明书更新，改为在股东报告中持续获取披露信息；三是改进招募说明书中费用及风险信息的披露；四是优化投资公司广告中的费用信息，要求广告和销售资料中的投资公司费用和支出与招募说明书中的费用表保持一致，并是最新版本。

- **市场需建立清晰透明的基金评价机制**

在信息披露制度的基础上，基金评价体系则是从第三方视角，基于专业、客观、公开的评价标准，为投资者提供更加全面且具可比性的投资决策参考信息，同时为培育投资者长期投资理念提供科学参考。中国基金评价机制中的主要问题是评价结果市场接受度低，调研显示，个人投资者购买基金时最关注基金业绩和基金公司名气，仅有4.4%的投资者考虑基金评级。[③]

究其原因，一是基金销售中充斥着各种维度的基金排名和推荐，如业绩榜、热销榜等各类基金榜单，以及各种"精选""五星之星"等推荐标签，使投资者忽略了基金评级这一重要考虑因素。二是评级结果本身尚未建立权威性，中国基金评价机构尚未建立起适合本土市场的评价体系，缺少在评价方法、人才及体系上的投入和充分的市场化竞争。

中国基金评价机制建设可参考海外领先实践。在美国共同基金行业的发展历程中，基金评价机构已成为市场中介服务的重要组成部分，基金评价结果为市场广泛认可。市场化基金评价机构亦得到监管当局认可，如FINRA的共同基金分析工具也纳入了晨星的评级结果。

针对销售过程中基金评级和排名的使用，美国建立了两项主要的监管法规。《投资顾问市场营销规则》明确投资顾问不得在其广告中包含第三方评级，除非满足以下条件：一是有充分的理由认为第三方评级所使用的问卷或调查等内容设计不具有诱导性；二是清晰并突出地披露评级日期、第三方评级机构的名称，以及为获取或使用评级所支付的报酬。FINRA规则2212规定所有会员不得在零售沟通中使用投资公司排名，除非满足以下条件：一是排名是由评级机构创建

---

① 2016年SEC发布的Investment Company Reporting Modernization。
② 2020年SEC发布的Tailored Shareholder Reports, Treatment of Annual Prospectus Updates for Existing Investors, and Improved Fee and Risk Disclosure for Mutual Funds and Exchange-Traded Funds; Fee Information in Investment Company Advertisements。
③ 中国证券投资基金业协会2019年度全国公募基金投资者情况调查。

和发布的，二是排名是由投资公司或投资公司关联公司基于评级机构发布的业绩表现创建的。

4.3.3 强化监管及独立实质的托管机制

资产管理行业托管制度的引入使投资资产的所有权、管理权与监督权三权分设，对保护投资者利益起到了至关重要的作用（参见图4-9）。基金托管人作为独立第三方，其主要义务包括保管义务和监督义务。保管义务是指安全保管基金财产的义务[1]，从而保障客户资产在投资运作过程中的安全，防范管理人挪用资金和资产损失等风险；监督义务是指对基金管理人管理基金财产等行为的监督[2]，从而对管理人形成约束，规范其业务操作流程，保障受托资产的安全规范运作。

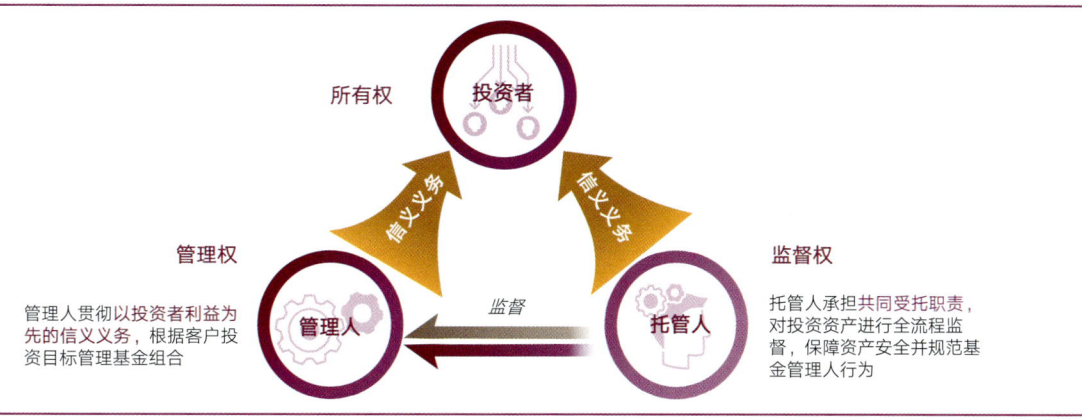

图4-9 投资者、管理人、托管人之间三权分设的科学治理架构

（资料来源：《证券投资基金法》、BCG分析）

资管新规明确规定"资产管理产品应当由具有托管资质的第三方机构独立托管，实施实质性的独立托管"。但是在实际推行中，随着P2P、信托、私募爆雷等事件的不断发生，托管制度的有效性和托管人责任引发大量争议。业内仍存在众多基础性问题尚待解决。

首先，要实现托管人的责、权、利统一，这需要在基础法律、监管制度、行业规范等方面的全面优化。在实践中，往往由于法制缺陷导致托管人权利和履职条件不具备，促使委托人和托管人通过限制合同约定责任来避重就轻，重保管，轻监督。需要在基础法律和监管制度上对托管人职责义务进行明确和细化界定；赋予托管人明确的质询权、信息获取权、基金治理角色等。

其次，强化对托管人和托管协议的外部监督。如考虑引入第三方机构对托管人进行选聘和履职评价。监管强化牌照准入、淘汰，以及强化托管协议规范和执行。

最后，还需要协调统一各子行业托管业务监管主体和监管制度，细化各类型业务的差异化规则，强化托管人独立性等。

---

[1]《证券投资基金法》《证券投资基金托管业务管理办法》。
[2]《证券投资基金法》《证券投资基金托管业务管理办法》。

4.4 三大抓手：紧贴客户需求，培育理性投资

4.4.1 构建符合客户最佳利益的销售服务

资管新规发布后，监管部门不断强化对于"投资者适当性管理"的要求。然而，在实际销售过程中，销售适当性管理往往流于形式或仅停留在满足监管层面，机构易忽视客户需求与产品特征，出于自身利益导向只向投资者卖"好卖的产品"。因此，在基金销售过程中切实履行与强化"销售适当性义务"对于"为投资者负责"至关重要。2019年，最高人民法院发布的《全国法院民商事审判工作会议纪要》中明确涉及金融消费者权益保护纠纷案件审理的基本原则是"卖者尽责、买者自负"，适当性义务的履行是"卖者尽责"的主要内容，也是"买者自负"的前提和基础。[1]

近年来，SEC持续强化资管产品销售服务过程中对于零售投资者的保护，这值得中国借鉴。2019年，SEC发布"监管最佳利益"规则[2]，将经纪商对于零售投资者的"适当性义务"进一步强化为"最佳利益原则"。该规则要求渠道在向零售投资者就任何证券交易或证券投资策略提供建议时，确保以客户的最佳利益为先，不得将自身的经济利益或其他利益置于客户利益之上。其规定的行为准则源自信义义务的基本原则，并且不能仅通过信息披露来满足，具体包括披露义务、审慎义务、利益冲突义务和合规义务四大组成部分（参见图4-10）。

图4-10 SEC强化经纪交易商"最佳利益原则"，加强投资者保护

（资料来源：SEC、BCG分析）

---

[1] 《全国法院民商事审判工作会议纪要》。
[2] Regulation Best Interest: The Broker-Dealer Standard of Conduct，RegBI。

4.4.2 创设基于客户生活目标的解决方案产品

目前，中国公募基金的产品设计中存在追逐市场热点等一系列问题，不利于引导零售投资者的理性投资和长期投资。创设"基于客户生活目标"的解决方案产品是资管机构"为投资者负责"的关键业务抓手。零售客户的投资需求通常被日常生活中的目标所触发，如养老、子女教育、医疗等（参见图4-11）。因此，资管机构如果能从源头上供应以客户投资目标为导向的解决方案型产品，那么不仅能够帮助投资者通过投资真正实现长期生活目标，而且能够引导零售投资者长期投资。

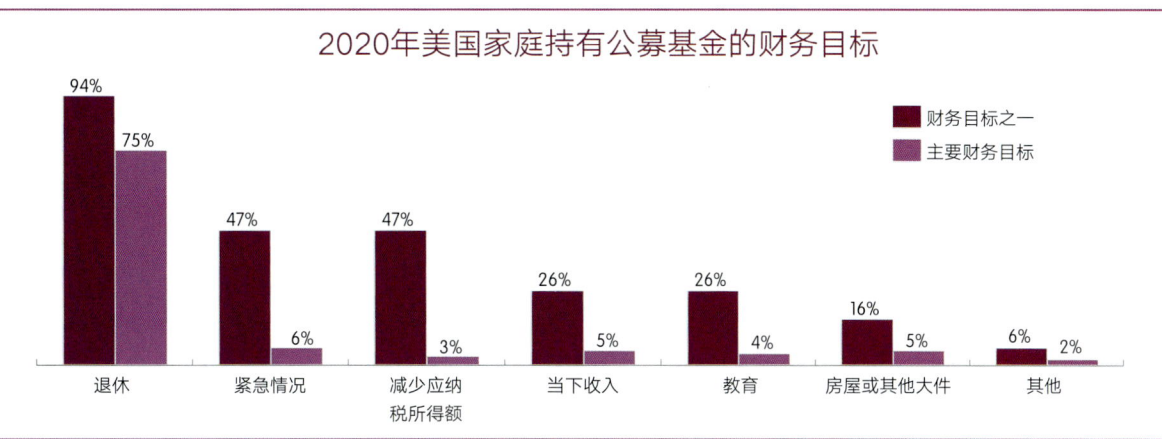

图4-11　养老储蓄是共同基金投资者的主要目标

（资料来源：ICI、BCG分析）

海外资管机构在产品创设上，已经逐步从"以产品为中心"（超越以基准为目标的投资管理）转向"以客户为中心"（全面满足客户目标的定制化解决方案）。解决方案在全球资管市场快速发展，从2004年的3万亿美元（占比为8%）一路增长至2020年的15万亿美元（占比为14%），实现四倍增长（参见图4-12）。受客户需求驱动，解决方案已成为全球资管机构的发展重点之一。2018年某全球最大的资产管理公司将原下设在多资产部门下的客户解决方案独立出来，成为公司七大"投资支柱"之一，并将其作为首要战略增长点之一。通过新设部门的形式，强化跨部门合作与协同、加强凝聚力，从而建立更具差异化的解决方案市场地位。

中国资产管理市场 2021

图4-12 解决方案在全球资管市场快速发展

（资料来源：2021年BCG全球资产管理市场规模数据库；2021年BCG全球资产管理对标分析研究数据库；Broadridge GMI；Strategic Insights；P&I；ICI；Preqin；HFR；INREV；BCG分析）

针对零售客户，海外领先资管机构通过创设以目标日期型基金为主的解决方案型基金产品，满足客户的各类生活目标。这类产品通常通过FOF基金的形式配置公司旗下基金。某全球资管巨头通过三大类别的"一站式"基金分别满足投资者养老储蓄、大学教育以及其他特定的生活目标（参见图4-15）。

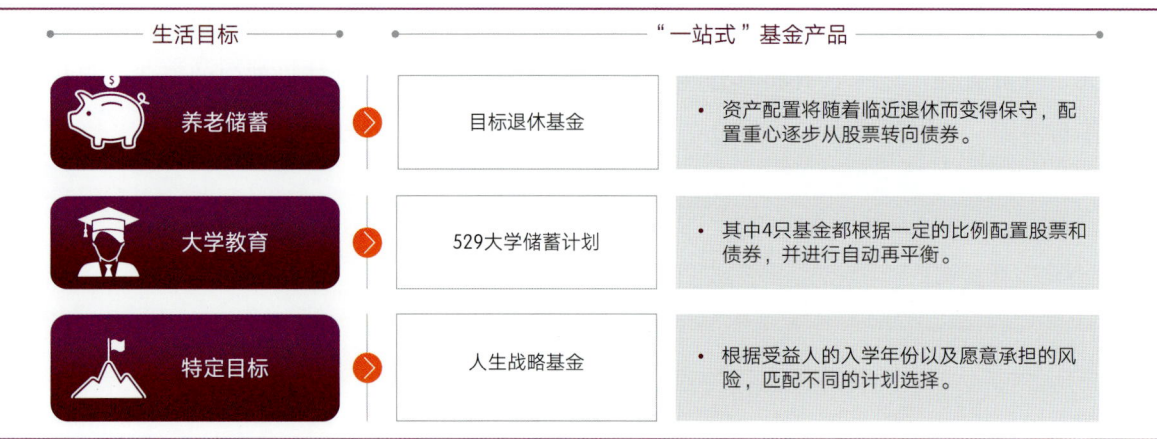

图4-13 海外领先资管机构针对投资者不同生活目标提供"一站式"基金产品

（资料来源：公司官方网站、BCG分析）

针对零售客户的定制化成为解决方案型产品趋势的进一步延展。海外领先资管机构创设了一系列针对零售客户的定制化产品，特别是ESG产品、主题ETF、直接指数化产品（Direct Indexing）以及独立管理账户。根据晨星数据，直接指数化产品的规模自2015年起快速增长，从1000亿美元涨至2020年的3500亿美元。

4.4.3 开展系统性针对性的投资者教育

目前，中国资管行业主要以零售投资者为主，受资管新规前"保本刚兑"文化的影响，中国零售投资者成熟度、理性度仍有待提升。投资者教育作为投资者保护的重要手段，有助于帮助投资者逐步树立正确的投资理念、根据自身的风险承受能力选择适配的金融产品、改变非理性交易行为，成为理性投资者。

如图4-14所示，资管行业应从投资者教育开展机构、形式、内容、对象和评估机制方面全方位推进投资者教育。目前，中国投资者教育在开展机构上已经构建起多元主体投资者教育体系，在形式上已体现出高效、适宜和创新，未来在内容、对象和评估机制三方面仍需进一步提升。

图4-14 投资者教育整体框架

（资料来源：EFAMA、BCG分析）

在内容上，应确保中立、简明、有趣和系统。中国资管机构目前在投资者教育内容上存在两大问题，一是内容缺乏系统性且同质化程度较高，多为结合监管或行业热点的专题式内容；二是存在投资者教育为销售服务的现象，即形式上是开展投资者教育，但实质上仍是产品推介与销售，甚至进行夸大宣传以吸引客户眼球。中国资管行业应尽快开发合适的投资者教育内容框架，例如欧盟和经济合作与发展组织（OECD）于2022年1月发布《欧盟成人财商核心能力框架》[①]，涵盖货币与交易、财务规划和管理、风险和回报、财务格局四大领域，定义了个人投资者需具备的知识、态度和行为，以结果为导向为投资者教育的内容制定提供参考。

在教育对象上，应力争广泛覆盖、有针对性。在广泛覆盖上，英国投资者教育对象覆盖全体公民，包括投资者和潜在投资者，英国教育部还把投资者教育相关内容写入教育大纲，对4~19岁的中小学生进行投资理财方面的教育；美国资管机构不仅覆盖投资者，还针对渠道销售人员以及投资顾问开展培训和教育，以提升销售人员的专业知识。在有针对性上，新加坡证券投资者协会（SIAS）与瑞典金融监督管理委员会（FI）根据投资经验和人群特点对投资者进行划分，结合不同类型投资者的实际需求提供有针对性的教育内容（参见图4-15）。

新加坡证券投资者协会根据投资经验划分投资者群体		瑞典金融监督管理委员会根据人群特点划分投资者群体	
目标群体分类	主要内容	目标群体分类	主要内容与重点关注
年轻投资者（投资经验欠缺）	• 年轻人章节（Youth Chapter）	学生	• 保管您的现金（从家庭独立）
入门初学者	• 家庭财务规划 • 投资的A-Z • 初学者投资指南 • 读懂财务报表 • AICE投资者教育论坛	年轻失业人员	• 明智的财务（个人财务、避免过度负债）
高阶初学者	• 我的金钱 • 投资展望 • 解读年报 • 股票研究	移民	• 您的金钱和您的财务（个人财务、社会保障、银行和瑞典支付体系）
中级	• 价值投资 • 投资诊断 • 组合构建和资产配置	职工	• 保障您的财务未来（储蓄和贷款，公共养老金和职工养老金）
资深（投资经验丰富）	• 交易策略	退休人员	• 老年时期的财务保障（储蓄和贷款、提供公正且免费的建议、风险与回报）

图4-15　新加坡和瑞典将投资者分群，开展针对性投资者教育

（资料来源：SIAC、EFAMA、BCG分析）

最后，建立投资者教育评估机制同样至关重要。尽管投资者教育在短期内难以见效且对投资者行为的影响也难以衡量，但是仍需定期评估与收集反馈，从而进一步提升质量，使投资者教育尽可能更加贴切和高效。例如欧洲基金与资产管理协会（EFAMA）提出的评估标准包括网站点击量、浏览的页面、停留时间、对标、出版物申请数量、媒体报道以及实际触达目标听众的百分比，评估工具包括反馈表、积分卡、调查和统计分析。未来，全行业还应建立起统一的标准化评估体系。

---

① Financial Competence Framework for Adults in the European Union。

> 专题三

资管行业人才与激励体系如何支持长期导向、客户导向[①]

大资管时代，行业竞争白热化，各类机构进入高质量发展阶段。公募基金作为行业的典范，在其高速发展的过程中，工作重心逐步从"卖"规模转移到"管"规模、从促"推销"走向促"营销"。所谓推销，是指通过主动与渠道、客户建立联系，让客户了解公司，进而卖出基金产品；而营销，是指以客户为中心，为投资者创造超越基准的收益，通过业绩引流规模、通过服务提升客户价值，真正实现基业长青。

在此背景下，公募基金的人才与激励体系也发生了转变，呈现出长期导向、客户导向，值得中国资产管理行业学习与借鉴。一般来说，人才与激励体系主要包含人才招募、人力配置、职业生涯发展、绩效管理、薪酬激励管理、人才管理六大机制，其中绩效管理、薪酬激励管理往往见效最快、受关注度最高，我们接下来将着重介绍促"营销"理念下这两大机制的特点。

- **绩效为本：促"营销"＝组织实力＋投资经理"管规模"＋市场人员"重服务"**

头部资管机构的绩效考核正呈三大趋势：

（1）公司既要当期股东价值贡献，更要中长期客户价值创造。客户价值创造通过组织"硬实力""软实力"体现，"硬实力"包括满足客户需求、提高服务质量、引领行业变革等；"软实力"包括人才梯队稳定性、企业文化与发展等指标。值得一提的是，国际领先资管机构已率先将ESG及可持续发展嵌入公司战略与绩效中，并与公司高管薪酬挂钩。

（2）投资经理既要规模，更要业绩。业绩考核"绝对+相对"并重，创造绝对收益或超越业绩基准是根本，其次是相对收益，且业绩需稳健，业绩的稳健性体现在至少不低于3年、多则5年以上的长期业绩考核之上。

（3）销售人员既要结果，更要过程。通过一系列过程性指标引导客户服务、提升客户体验，过程性指标包括客户拜访、客户培训、客户盈利体验等。

当期薪酬与绩效紧密挂钩，也呈现客户导向趋势。当期薪酬仍是国内头部资管机构的主要激励手段，不同类型机构薪酬差异较大，主动管理能力越强的机构薪酬水平相对越高（参见图1）。可以说，促"营销"时代下，主动管理能力决定了投资经理的市场定价，"出价能力"一定程度上又影响了资管机构主动管理能力的提升，银行理财等资管机构主动管理转型道阻且长。

---

① 本专题由恺讯咨询撰写。

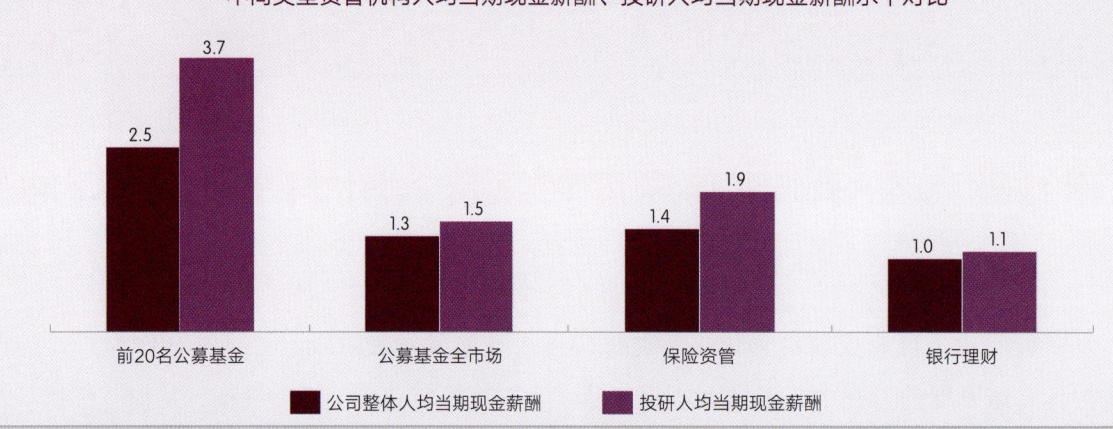

图1　不同类型资管机构当期现金薪酬水平对比

（资料来源：恺讯2021年人力资本投入报告）

对于当期薪酬中的固定薪酬，头部机构多通过量化业绩标准、能力素质要求促使投资经理"管规模"提升客户影响力、市场人员"重服务"提升客户服务能力。投资经理量化业绩标准通常包括中长期投资业绩、个人有效管理资产规模等，级别越高、客户影响力要求越高，量化业绩标准要求越高。市场人员能力素质要求通常包括关系建立、客户导向等服务客户的软实力，每个能力素质通常会区分为正向、负向行为要求，基于员工日常工作行为，评价到人。通常每年对量化业绩标准达成情况、每两年对员工能力素质进行评估，进而对专业职级及固定薪酬水平进行调整，能者升、庸者降。

对于当期薪酬中的浮动薪酬，头部机构有"分奖金""算奖金"两种主流奖金确定模式。无论采用哪种模式，都有一个基本前提：资管机构能够长期持续地为投资者带来稳定的收益。在"分奖金"模式下，员工的奖金水平取决于公司、团队、个人的综合绩效表现，将公司奖金包层层分解，导向清晰、模糊分配，通过多维度绩效指标引导，确保实现客户及股东价值，避免造成单一指标对薪酬水平影响过大的短视行为。"算奖金"模式则是对收入提成的精细化管理，投资人员的投资业绩水平决定了提成比例的高低，如果中长期业绩表现领先，即使当年度因行情波动业绩不佳，投资人员也能获得一定的奖金，避免其为追求浮动薪酬而发生对客户、公司不利的行为。销售人员则通过积分或个体贡献度的形式精细化计量、核算奖金。

- **长期激励制胜**：中长期激励机制引导员工持续、稳健地为客户创造投资收益

对于轻资产的资管行业而言，人力资本无疑是最重要的资产之一，行业竞争也在更多转向人力资本的竞争。在此背景下，资管机构不断创新管理模式和激励机制，但是短期激励措施如果太强力，易导致投资经理"剑走偏锋"，过于注重眼前利益而牺牲公司及投资者的长期利益，与资管行业使命相违背。因此，资管机构的行业特性决定了中长期激励是更好的激励方式，其有以下三方面优势。

（1）中长期激励有利于打造"股东、公司、员工"的利益共同体。通过员工持股的机制设计，有效将股东利益、公司利益、员工利益进行捆绑，体现"一荣俱荣、一损俱损"的理念，真正形成"放眼未来、风险共担、利益共享"的合作契约关系。核心员工可分享企业成长带来的收益，增强员工归属感和认同感，激发员工的积极性和创造性。当员工离开企业或发生不利于企业的行为时，将会失去股权相关的收益，提升了员工离职或"犯错误"的成本。

（2）中长期激励有利于提高公司风险管理能力和防范员工道德风险。长期激励机制使员工成为股东，从根本上解决了所有权与经营权分离的矛盾，员工成为公司长期稳定发展的受益者。因此，员工将更加注重公司发展过程中的风险管理状况，防止出现"风险隐藏"式的短期发展泡沫，保障公司处于风险与收益的最佳配比状态。与此同时，员工将具有很强的主人翁意识、归属感和认同感，能有效避免个别人员因道德下滑而带来的各种风险。

（3）中长期激励有利于公司的长远、持续、快速发展。引入持股机制后，对激励对象的考核成为一个长期、逐步的考核，要求激励对象必须关注资管机构长期的发展目标——持续、稳健地为客户创造投资收益，这样才能保证获得自己的延期风险收入。由此进一步弱化激励对象的短期化行为，提高企业长期创造价值和持续快速发展的能力。

市场上常见的长期激励工具分为股权、现金两种，前者包括股票期权、股权激励，后者包括虚拟股票、业绩单元、股票增值权等。资管行业实施中长期激励的流行度正逐步上升，实施股权模式有困难的公司通常会建立特别人才中长期现金激励计划，以三年期、五年期为时间跨度，对各业务线达到长期考核目标的核心人才进行特别激励。根据恺讯调研及公开信息统计，全市场约34家公募基金公司已实施员工持股计划、近20家公司已实施中长期现金激励计划，其中前15名公募基金公司中已实施中长期激励的有6家。

海外领先资管机构薪酬激励的长期导向、客户导向领先于国内资管机构。从薪酬结构来看，海外资管机构一定级别以上的员工薪酬中六七成为中长期股权激励；甚至部分公司更往前一步，如先锋作为全世界唯一一家由投资者共同拥有的公司，其从组织治理上将客户利益与公司利益绑定一致。而国内实施中长期激励计划的公司，中长期激励约占员工薪酬的三成；此外，由于中国资管机构多数为非上市公司，长期激励的增值空间相对有限。

数据证明，中长期激励机制也反哺公司发展。选取行业内2015年12月及之后实施员工持股计划的双剔规模[1]前50名公募基金公司：易方达、汇添富、广发、南方、中欧、银华、长信，观察实施员工持股计划后的投资业绩表现可以看出，实施员工持股群组整体投资业绩表现优于其他公司，说明实施长期导向的激励机制确实为公司带来正向效果（参见图2）。

---

[1] 根据中国银河证券基金研究中心2021年第四季度末剔除货币基金与短期理财债券基金的资产规模排名。

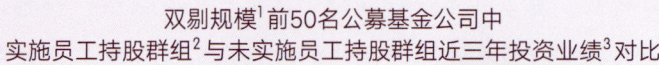
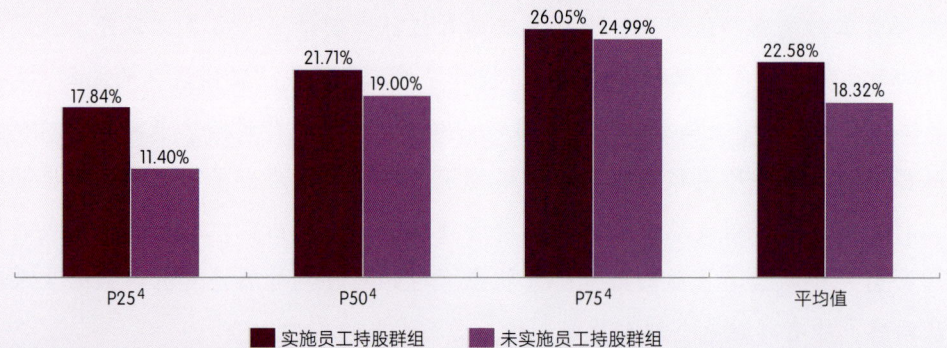

注：1. 根据中国银河证券基金研究中心2021年第四季度末剔除货币基金与短期理财债券基金的资产规模排名。
2. 包括易方达、汇添富、广发、南方、中欧、银华、长信。
3. 投资业绩数据取自Wind，截至2021年12月31日，业绩计算方式为规模加权投资业绩。
4. P25、P50、P75分别指样本基金公司投资业绩从小到大排列后的25分位值、50分位值、75分位值。

图2　实施员工持股的公募基金具有更好的投资业绩

（资料来源：恺讯咨询、Wind）

当然，过于强调硬性业绩考核及现金激励对人才梯队打造的作用往往适得其反，会增加识别、保留"德才兼备"的人才的难度，甚至滋生员工违规违纪行为。展望未来，长期主义文化价值观的入脑、入心、入行显得更为重要。这不仅是长期投资理念在员工行为上的体现，更是规范行业文化建设的根本要求，意味着资管机构及其员工行事、决策应站在更长周期的视角，关注事物本质和长远发展，更好地实现个人价值与社会价值。头部资管机构将长期主义具象为人才画像和能力素质要求，内嵌至人员选拔、绩效评价、晋升、淘汰等各项人才政策中，从而形成对人才的正面引导和约束作用。

5. 践行使命：助力实体经济，创造社会价值

在当前中国经济社会高质量发展的道路上，资管行业应充分发挥金融资源配置功能，秉承为实体经济服务的使命，促进高水平科技自立自强，助力"双碳"目标顺利实现，推动居民财富保值增值和全社会共同富裕，抓住二三支柱机遇加快养老体系建设（参见图5-1）。

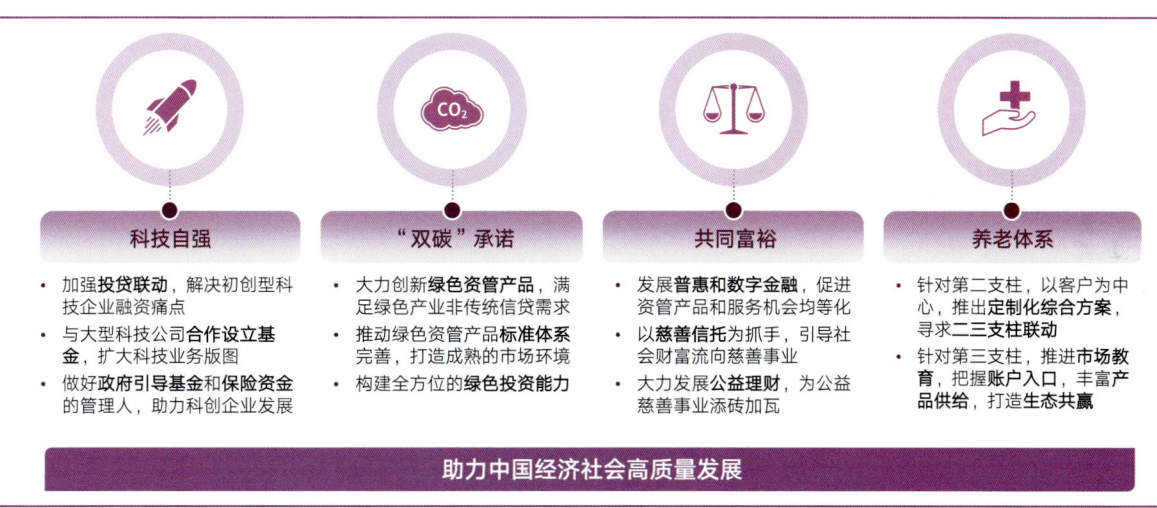

图5-1 在中国经济社会高质量发展道路上，资管行业需从四大方面承担社会责任

（资料来源：BCG分析）

5.1 科技自强：加强业务模式创新，推动科技自立自强

金融对科技创新有不可替代的促进作用。目前中国科技金融体系的显著特征是信贷业务较发达，直接金融市场发育不够健全。结合国内需求与国际经验，资管机构可从以下三方面入手，推动科技领域的直接金融发展，提升资管在科技领域的助力作用。

- **加强投贷联动模式下与商业银行的配合，解决初创型科技企业融资痛点**

中小企业普遍具有"轻资产、高风险"的特点，与传统信贷业务的风险收益模式要求不匹配。而这一问题在初创型科技企业身上尤其突出，其产品研发所面临的技术、市场不确定性更加复杂，在融资过程中也面临更多的知识产权评估难、质押难等问题。20世纪70年代美国兴起了投贷联动模式，创新性地将贷款与风险投资结合在一起，通过债权与股权的结构化安排，创造出一种符合初创型科技企业风险收益特征的融资方式。

69

美国某领先科创银行是采用投贷联动模式的最典型代表，其形成了风险投资业务、商业银行业务、科技创新企业三方良性互动的多赢局面（参见图5-2）。商业银行业务通过认股权证，分享科技企业市值上涨带来的高倍率回报，同时基于风险投资业务的信息输入提升认知和判断力，以更清晰地识别和管理信贷风险；商业银行可以从企业在其商业银行下的资金往来、业务流水等信息中清晰地了解企业实际经营状况，同时由于商业银行的信贷资金支持，被投公司能够有更好的流动性，在商业化早期阶段有充足的弹药，能够降低风险投资业务的失败风险。

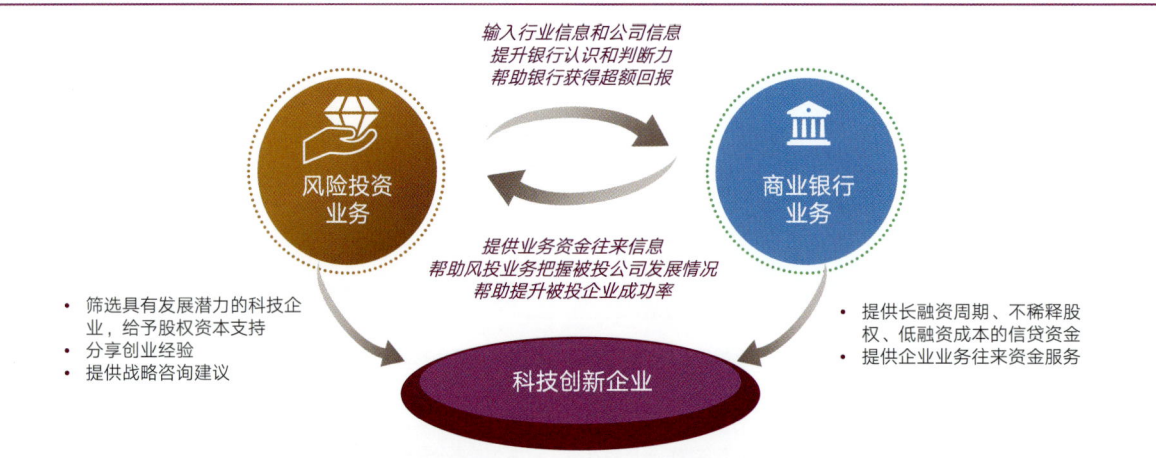

图5-2 海外某领先科创银行领先的投贷联动模式，帮助形成三方良性互动的多赢局面

（资料来源：BCG分析）

在风险投资业务与商业银行业务的紧密配合之下，这一银行在其专注的科技领域内做到了极高的市场占有率，在风险投资方面，美国科技与生命科学公司中大约50%是其客户。投贷联动模式并未影响其风险管理能力，即便在2008—2009年国际金融危机期间，风险投资等业务的非息收入也贡献了28%的收入，保障了银行利润为正。

中国投贷联动模式起步于2016年，银监会、科技部、人民银行联合发布《关于支持银行业金融机构加大创新力度 开展科创企业投贷联动试点的指导意见》，该意见中明确10家试点银行可以设立投资子公司开展投贷联动业务。其他大量非试点银行的直投业务受限，因此尝试与VC/PE等资管机构合作进行"外部联动"。例如，某股份制银行北京分行与风投基金、担保公司合作，由风投基金牵头发起设立用于股权投资的基金，并负责基金的管理、行权及退出等相关工作，银行为企业提供不超过300万元的担保贷款，融资担保公司为企业提供融资担保，共同支持中关村科创企业的发展。

外部联动模式理论优势突出，但实践情况仍有较大提升空间。银行与资管两类金融机构在经营理念、风险偏好、激励机制等方面存在天然差异，完全独立的法人结构又容易导致双方信任不足，流程重复且效率低下。推动多元化、综合化金融集团发展，以及构建银行与资管机构的创新合作，是金融机构在持续优化投贷联动模式上思考和发力的方向。

- **与大型科技公司合作设立基金，扩大科技业务版图**

兼并收购能帮助大型科技公司整合上下游产业链路，甚至拓展业务范围进入新市场。要想实现"1+1>2"的协同效果，并购方的行业能力和投资运作能力均不可或缺，此时资管机构与科技公司的合作就提供了一种极佳范式。例如，2019年中金资本与阿斯利康在进博会上宣布将联合成立全球医疗健康产业基金，目标规模达10亿美元，中金资本作为资管公司可发挥丰富的境内外投资管理和资本运作经验，阿斯利康则具有深耕医疗产业和医疗创新领域的优势，二者结合可为优质医疗科技创新企业的孵化和成果转化提供大量支持，也能帮助阿斯利康扩大业务版图。中国资管机构应进一步积极寻找与科技企业的合作机会，发挥专长弥补科技企业在商业化、资本运作等方面的短板，结合科技企业的技术能力筛选优质标的，共同完成大科技公司的商业版图扩展，助力中国出现越来越多的全球领先科技巨头。

- **做好政府引导基金和保险资金管理人，助力科创企业发展**

政府引导基金是推动科技创新和产业升级的重要政策性资金，除为市场补充资金来源渠道外，还可通过政府信用和"让利机制"吸引社会资本、保险资金、社保资金等加入相关投资领域。例如，国家集成电路产业投资基金持续推动中国集成电路产业发展，2014年大基金一期共募资1387亿元，连带撬动地方和社会资金5145亿元，2019年大基金二期顺利接棒，注册资本达2042亿元，最大可投资规模有望达1万亿元。此外，合肥市政府建立基金平台，通过"以投带引"的模式，为当地引入了完整的科技产业链，成功实现产业升级，同时大力推动当地经济发展。中国政府引导基金经历了多年发展，已经初具规模，也积累了不少亮眼成果，截至2021年末累计成立数量1437只，规模达2.47万亿元。2021年是政府引导基金建设升温和转向专业化运营的拐点，基金设立数量和规模年增幅分别达77%和207%。[①]

此外，保险资金具有投资期限长、资金流量大等特点，与科技产业投资需求契合，正在加速流入科技领域。在欧美市场上，险资一直是PE/VC的重要出资力量，它们一方面通过长期投资驱动PE/VC对优质科技企业的长期扶持，另一方面通过股权投资的高额回报提振保险公司整体投资业绩。中国险资参与科技投资的政策环境正在不断向好，2021年11月中国银保监会出台《关于银行业保险业支持高水平科技自立自强的指导意见》，鼓励中国保险投资基金等加大科技创新投入，研究保险资金设立服务国家科技战略专项基金或其他支持科技发展母基金的可行性；同年12月银保监会发布《关于修改保险资金运用领域部分规范性文件的通知》，删除了多项此前险资投资PE/VC基金的限制。可以预见的是，保险资金作为科技类基金出资人的局面将会不断打开。

对专业的资管机构来说，成为政府引导基金和保险资金在科技投资领域的管理人，不仅能够显著推动中国科创企业的融资和发展，而且对资管机构的募资和投资大有裨益。在募资方

---

① 投中研究院。

面,政府引导基金出资比例通常为20%~30%,同时有政府信誉背书,能够显著降低资管机构的募资压力。在投资方面,政府和国资背景资本在市场上的竞争力正变得越来越强势,能为科技企业提供丰富的产业资源和其他赋能场景,提升投资成功率。因此,中国资管机构应积极做好政府引导基金和保险资金在科技投资领域的承接人,以专业的"募投管退"能力最大化发挥前述资金对科技自立自强的支撑作用。

5.2 "双碳"承诺:创新产品建设能力,助力"双碳"长潮大浪

绿色金融体系是中国实现"双碳"目标的关键能力支撑。然而,中国绿色金融体系目前仍存在三大突出问题,一是百万亿元级别的资金需求与当下十亿元级的资金供给之间存在鸿沟;二是目前金融工具过于依赖绿色信贷,呈现"跷跷板"式的不均衡结构;三是资管机构层面尚不具备成体系的绿色投资能力。在绿色金融体系中,资管机构扮演着引导资金更多地流向绿色产业、促进绿色市场交易活跃、推动政策标准体系完善等关键角色。因此,中国资管行业应从以下三方面着手,发展绿色资管,助力"双碳"达标。

- **大力创新绿色资管产品,满足绿色产业非传统信贷需求**

目前,中国绿色信贷产品主要匹配成熟期企业中短周期、有抵押品的金融需求,但未来在"双碳"目标下绿色初创企业和低碳转型企业的资金需求将越来越大,而这些企业存在较大的业务不确定性风险,回报周期更长,不满足传统信贷业务的风险收益特征要求,需要更多绿色资管产品的支撑。欧美发达国家已发展出了绿色共同基金、ESG ETFs、巨灾债券基金、碳基金等种类丰富、体量庞大的绿色资管产品(参见图5-3),对促进社会资金流向低碳经济有巨大的推动作用。中国资管机构应加快绿色资管产品的创新步伐,以实现对企业绿色融资需求的有效支撑。

产品	产品概况	代表性资管机构	代表性产品
绿色共同基金	以绿色投资为核心投资理念的共同基金	• Amundi	• Amundi Planet – Emerging Green One Fund
ESG ETFs	专注于ESG等绿色题材、在交易所上市交易、基金份额可变的开放式基金	• BlackRock • Amundi	• iShares MSCI USA ESG Select ETF • Amundi MSCI China ESG Leaders Select UCITS ETF DR
巨灾债券基金	投资于巨灾债券的基金产品,巨灾债券是指还本付息条件与保险公司面临极端天气风险挂钩的一类债券	• 瑞狮银行	• Bank Leu's Prima Cat Bond Fund,全球首只巨灾债券公共基金
碳基金	通常由政府协同企业出资,由公共金融机构管理,致力于在全球范围内投资碳信用指标或温室气体减排项目的专门基金	• 世界银行	• 原型碳基金(PCF)

图5-3 海外绿色资管产品类型丰富

(资料来源:联合国环境规划署金融倡议、世界银行、各大相关资管机构官方网站、BCG分析)

• 推动绿色资管产品标准体系完善，打造成熟的市场环境

目前，市场上对绿色资管产品的界定标准仍较为模糊，这势必导致资管产品"漂绿"风险上升。以绿色公募基金为例，当前中国没有出台针对绿色公募基金的认定标准，对于绿色公募基金的投资范围、行业配置比例、投资运作流程、信息披露等行为缺乏明确的要求，导致基金实际"含绿量"缺失科学标准的评判，也使行业数据统计不清晰。而世界领先资管机构发行的ESG基金和ETF往往均有两个及以上国际通用的绿色标签体系认证（参见图5-4），标准清晰、信息透明公开，有助于投资者更好地理解和选择相关产品。因此，中国亟须建立绿色资管产品的标准化认证贴标体系，这需要政府监管机构、资管机构、第三方评估认证机构等相关主体共同努力。

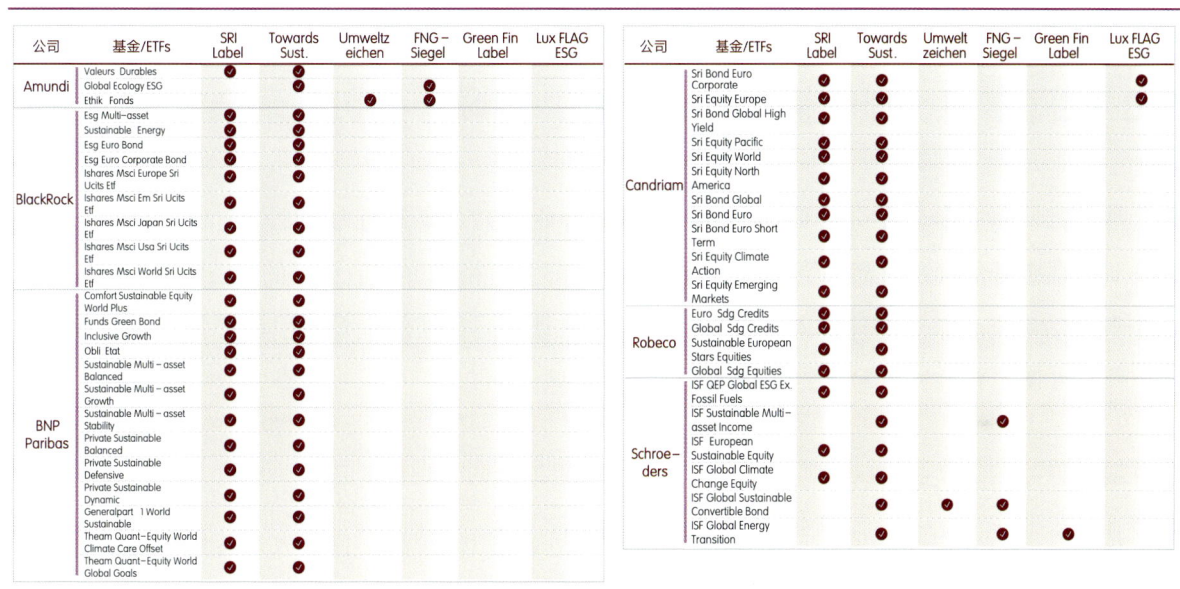

图5-4　领先资管机构发行的ESG基金/ETF往往均有两个及以上国际认可的标准认定

（资料来源：各公司官方产品信息、BCG分析）

• 构建全方位的绿色投资能力

资管机构筛选、识别优质绿色项目的能力，对于绿色资管市场蓬勃发展、助力"双碳"目标实现尤为关键。中国资管机构与发达国家领先机构的ESG投资能力存在较大差距，需要从战略引领、流程嵌入、基础补缺三大层面发力ESG投资能力建设（参见图5-5）。

图5-5 资管机构从战略引领、流程嵌入、基础补缺三大层面发力ESG投资能力建设

（资料来源：BCG分析）

5.3 共同富裕：抓住机遇做大蛋糕，协调分配切好蛋糕

推动共同富裕是全社会的系统性工程，资管行业作为重要参与力量之一，一方面有能力帮助普罗大众更好地实现财富保值增值，另一方面能够为富裕人群创造更好的"三次分配"通道，以先富带动后富。基于上述方向，当前资管行业推动共同富裕的主要抓手是增强产品和服务的普惠性、发展慈善信托、推出公益理财产品三大领域。

- **顺应普惠金融和数字金融浪潮，促进资管产品和服务机会均等化**

传统金融行业以高净值客户优先，产品门槛和服务门槛较高，普罗大众特别是乡村居民难以享受专业金融服务带来的较高收益。与传统金融相比，"普惠金融+数字金融"的组合优势明显，一是通过创新型普惠金融服务降低交易门槛，纳入大量被排斥于正规金融体系之外的低收入群体；二是通过AI+大数据技术和互联网手段，更加有效地触达物理网点和人工服务难以覆盖的人群。例如，国际领先资管机构通过智能投顾产品服务长尾投资者，门槛金额已降至接近零美元，让普通居民均能享受顶级资管机构提供的投资顾问服务。

顺应普惠金融和数字金融大潮，资管机构也应当积极行动。一方面，资管机构应丰富普惠产品货架，让更多优质产品"飞入寻常百姓家"，从而促进不同收入群体之间、城乡之间、代际之间的资管产品和服务机会均等化。目前市场上已有一些资管机构开始加强普惠型产品的打造和销售，例如光大理财大力发展无门槛普惠金融产品，截至2021年11月末累计为零售客户提供"1元理财"产品120余款，占该行理财产品数量的近50%，同时对近20只理财产品免收申购费或收取优惠销售服务费。另一方面，资管机构应高度关注欠发达地区特别是农村地区客户的资管需求，线下发挥银行县域网点优势，在宣传讲解和产品说明时减少使用晦涩难懂的专业术语；

线上运用数字化手段提升普惠资管服务的可获得性，通过数字化渠道突破地理空间限制，让普惠客户更便捷地购买到适合自己的金融产品。

着眼未来，应继续鼓励和支持更多资管机构参与普惠型资管产品的发行中，进一步提升普惠产品的市场规模，同时借力金融科技手段，重点完善农村资管市场产品和服务供给的便捷性和有效性，提升对乡村振兴和共同富裕的支持力度，真正让大众财富保值增值需求得到更好、更快满足。

- **以慈善信托为抓手，引导社会财富流向慈善事业**

慈善信托作为一种将慈善行为与金融手段有机融合创新的业务模式，具有制度规范、运作专业、实操灵活、税收优惠等优势，是鼓励高收入人群参与慈善事业、促进第三次分配落地的最有效途径之一。在美国、英国等西方发达国家，慈善信托和慈善基金会一起成为最常见的富裕阶层支持慈善事业的渠道。英国是慈善信托的起源地，根据英国慈善委员会2017年的统计，英国慈善信托资产规模超过千亿美元，在慈善公益事业中扮演着重要角色；作为后起之秀的美国慈善信托业也经历了高速发展，早在2014年存续的慈善余额信托、慈善首享信托、收入集合基金信托已有10.8万件，资产规模达1136亿美元，为社会公益事业提供了源源不断的资金来源。

中国慈善信托业尚处于早期起步阶段，截至2021年末中国累计备案的慈善信托数量不足800单，总规模仅39亿元[①]，背后有多重原因制约了中国慈善信托业的发展。首先，中国缺少具体的慈善信托税收优惠政策和明确可操作的相关规定，导致富裕人群缺少实践意愿；其次，中国信托财产登记制度尚待完善，无法有效实现信托财产的独立性和风险隔离，部分非货币财产慈善信托的设立遇到阻碍；再次，中国慈善信托产品种类单一，富裕人群自身的财富管理和传承需求难以得到满足，进而限制了资金来源；最后，中国具有相关从业经验的人员较少，信托公司在慈善信托领域的专业性亟待提升。

今后，慈善信托的创新有效发展将是资管行业助力共同富裕的关键议题之一。慈善信托既是推广公益慈善的重要工具，也是信托公司回归本源的重要战略业务，如何将这一舶来品融入中国市场，使其发挥出理想价值，自下而上推动监管政策的完善，培养具备专业能力的业务人才，都是行业需要深入思考和行动的方向。

- **大力发展公益理财，为公益慈善事业添砖加瓦**

公益理财产品是指在管理费和投资收益的基础上，提取一定比例支持公益事业的理财产品。其可以架起连接慈善公益与财富资源的桥梁，在为投资人创造收益的同时，即时转化为社会价值，有效地引导财富合理流动，将部分理财收益作为捐赠款直接投入乡村振兴、绿色发展

---

① 中国慈善联合会与中国信托业协会联合发布的《2021年中国慈善信托发展报告》。

等各类慈善项目和公益活动中，促进共同富裕的发展进程。

近年来，公益理财产品正成为银行理财公司探索的热点方向之一。例如，苏银理财发起公益理财类产品，承诺客户每购买1万元理财产品，就从管理费中提取1元捐助社会弱势群体或绿色环保组织等公益事业，截至2019年末，累计公益基金已经超过1561万元，主要资金流向江苏省红十字会、南京社会儿童医院寄养家庭儿童项目、城乡贫困户结对帮扶活动等。

公益理财产品作为银行理财公司支持共同富裕的有效工具，应得到更大的推广，并被更多其他类型资管机构借鉴和采用。同时，资管机构应继续完善产品的机制设计及信息披露，确保公益资金使用到位、切实发挥作用，建立起投资者与资管机构、产品之间的信任，推动更多投资者主动选择公益类产品，为公益慈善事业和共同富裕作出更大的贡献。

5.4 养老体系：把握二三支柱机遇，建设完备养老体系

当前中国养老体系的三大支柱结构不平衡，截至2020年末，中国养老金第一支柱占比为62%，第二支柱占比为37%，第三支柱占比极低[1]，仍处于非常早期的发展阶段。资管机构应发挥中坚力量，分别寻找针对第二支柱年金客户、第三支柱零售客户的适当切入口，为养老体系的健康可持续发展创造更大价值。关于资管机构在养老体系中的具体做法，在《中国资产管理市场2018》和《中国资产管理市场2019》中已有详细介绍，此处对核心观点进行总结。

- **第二支柱：以客户为中心，推出定制化综合方案，寻求二三支柱联动**

在中国养老体系第二支柱（企业年金和职业年金）的管理体系中，中国资管机构当前主要以投资管理人的角色参与体系建设，通过自身投资能力和资源禀赋为第二支柱创造投资收益、扩大市场影响力。未来，资管机构应从以下三个方面有针对性地打造能力，以更好地在第二支柱投资管理人的竞争中脱颖而出，抓住第二支柱的广阔业务机会。

（1）打造以客户为中心的产品服务体系。年金客户相较于其他类型客户，更加注重中长期的收益稳健性。同时，年金事务通常由客户人力资源部门负责，其对投资领域相对陌生，存在着投教、员工福利等相关服务需求。因此，银行理财公司、保险资管等可积极利用集团资源，针对年金客户差异化需求建立专属服务团队、投资团队和账户管理团队，提供定制化的服务举措和运营支持。公募基金则可大力发挥投资能力和产品开发优势，定制符合客户需求的投资策略和年金产品，为客户带来长期稳健且有吸引力的回报。

（2）多业务协同的综合解决方案。年金客户往往存在着保险、融资等其他金融服务需求，为依托金融控股集团、具备多业务能力的大型资管机构提供了广阔的施展空间。保险资管可协

---

[1] 全国社会保障基金理事会。

同集团，从养老服务场景延伸，为客户提供各类保险产品，综合化满足客户需求；银行理财公司可协同母行，为企业提供信贷融资与年金结合的综合金融服务方案。在海外，以罗素投资（Russell Investments）为代表的部分领先投资顾问机构通过发展首席外包投资官（OCIO）的商业模式，为年金客户提供一揽子解决方案，成为第二支柱市场中的有力竞争者。[①]

（3）从机构到个人的业务联动。借助年金业务带来的客户关系和投教场景，资管机构有机会触达终端个人客户，进一步激发其养老需求，提供融合投资理财、康养、文娱等综合化养老服务。例如，全球某领先保险集团在为企业提供养老金服务的同时，还直接触达了企业员工，为其提供养老规划、终身抵押贷款、养老地产和康养护理等综合性养老服务，同时上线财务管理工具帮助企业员工管理和规划自身财务状态。

- **第三支柱：推进市场教育，把握账户入口，丰富产品供给，打造生态共赢**

第三支柱是中国养老体系最薄弱的一环，现在还存在诸多痛点：一是公众养老保障意识待唤醒，对服务于长期生活目标的投资产品缺少耐心；二是现有养老金融产品种类少、期限短、税收优惠不足，对投资者缺少吸引力；三是资管机构在产品之外能够提供的服务能力十分有限。在美国，共同基金和ETF一直以来都是美国个人养老账户（IRA）最主要的投资选择（参见图5-6）。因此，中国资管机构应从以下四大抓手出发，克服第三支柱的种种痛点，切入第三支柱的巨大蓝海。

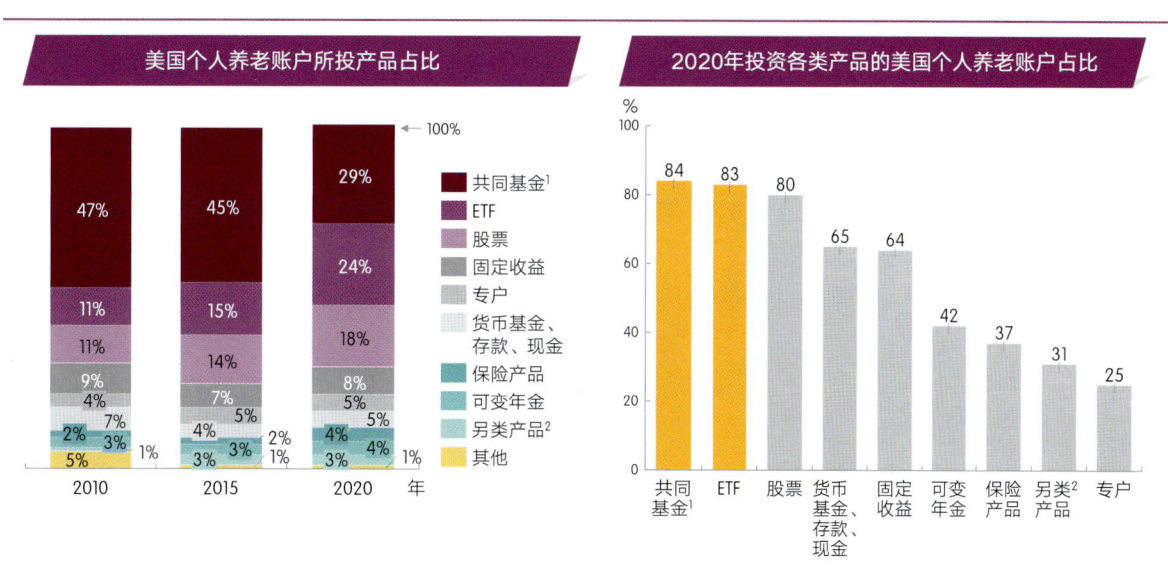

图5-6　共同基金与ETF是最主要的美国个人养老账户投资选择

（资料来源：Cerulli、BCG分析）

---

① 公司官方网站。

（1）产品供给：把握养老产品牌照放开机遇。未来各类资管机构应进一步夯实和呈现自身在第三支柱产品打造和投资管理上的优势，抓住产品供给政策放开机遇。例如，当下正值银行理财公司养老理财产品"十地十试点"启动，银行理财公司可利用品牌信任度和大类资产配置能力等优势，为客户提供长期限、收益有竞争力、资产配置随用户生命周期需求变化的养老金产品。

（2）客户教育：激发客户养老规划和投资需求。资管机构应充分利用自身资源，让养老投资深入零售客户意识。例如，某全球资管巨头通过打造线上退休规划工具，帮助投资者更便捷地获取覆盖全生命周期的综合性养老投资与规划服务，显著带动了旗下ETF被动产品的销售。此外，中国的银行理财公司可充分利用母行线下网点和客户经理优势，触达最广泛的中老年客群；保险机构可发挥保险代理人队伍优势，基于现有企业年金业务进行从机构到个人的联动，将企业员工培养和转化为个人养老金客户。

（3）账户服务：财富管理与养老联动，便捷客户体验。银行账户是零售客户的主要资金集散地，因而银行理财公司可以基于母行账户资源，开展财富管理与个人养老投资的业务联动，为客户提供覆盖储蓄、财管、养老规划、养老投资等一站式养老服务，并提升税收优惠核算及清缴等服务的便捷性，激发客户投资第三支柱的兴趣。

（4）生态经营：聚集内外资源，打造养老生态解决方案。老年人的养老需求不止在于稳定的资金收入，还在于居住、医康养、文娱等不同领域。面对不同年龄段、不同特征老人的多元化养老需求，资管机构可与金融集团、地产商、医养机构、互联网企业等各类生态伙伴合作，协力打造差异化的综合养老解决方案。

专题四

资管机构如何赋能实体经济发展

为了更好地履行社会责任，资管机构应躬身入局，在投资之外深入赋能实体经济发展。以下我们重点介绍三类模式：专业投后管理赋能被投企业、多抓手综合助力政府客户、深度运营推动重大长期基建项目。

- **专业投后管理赋能被投企业**

首先，资管机构可采用三类不同深度的投后管理模式，赋能被投企业发展（参见图1）。一是监测支持模式，赋能程度较浅，投后的核心职能在于定期跟踪和分析被投企业经营指标，并按需提供外部资源对接、融资辅导、人才招募等增值服务，仅需一支轻型的、通常按职能划分的投后团队，常规私募股权机构大多采用这一模式。二是合作孵化模式，赋能程度较深，资管机构会成立一支专职团队或子公司，与被投企业一起构思新的业务创意和计划，并调动各类内外部资源支持新创意的孵化成长。三是深度改造模式，赋能程度最深，资管机构往往会采用并购方式掌控被投企业控股权，并在战略规划、企业运营、管理提升等各领域深度介入被投企业改造。

图1 根据赋能程度不同，资管机构可采用三类投后管理模式

（资料来源：BCG分析）

OTPP（安大略省教师退休金计划）与BCG Digital Venture（DV）共创Koru孵化器，帮助被投企业孵化创新型数字化业务，是合作孵化模式的典型代表。Koru结合了BCG DV在数字化创新领域的知识、经验和专业技术，以及OTPP对被投企业的理解。自2018年5月以来，Koru已与OTPP的90多家被投企业合作，生成创意并在市场中验证和孵化，最终建设新的创新型数字化业务，解决客户痛点并创造各行业的新机遇。例如，Koru帮助加拿大一家领先养老住宅供应商Amica Senior Lifestyles孵化了一家健康技术领域的新公司Elovee，致力于改善阿尔兹海默病和相关痴呆症患者在人生旅程各个阶段的行为和认知健康。

全球某领先另类资管机构建立了专门团队，深度介入被投企业运营改造，是深度改造模式的典型代表。作为全球领先的并购型基金，其重点倾向于投资及控股中后期成熟企业，并通过约60人的专业投后管理团队对被投企业进行改造升级，为其投资创造附加价值。投后管理团队成员均具有资深的行业背景或咨询公司背景，平均每2~4人服务一家被投企业。团队在尽调阶段就开始介入标的企业的运营研究，其研究结果将写入投委会备忘录并作为决策参考。投后前半年是团队的重点发力阶段，一方面团队会重新梳理和制定董事会的管控机制，明确董事会席位、投票权归属和投票规则，厘清董事会和CEO之间的权责划分，确保公司对被投企业董事会的管控；另一方面团队通常会更换企业的CFO、CHO及法务团队，确保把控人、财、法等中后台关键职能，保证业务数据对股东的真实透明。此后，团队进一步通过把控KPI及预算、列席关键会议、收集分析财务和运营数据等方式执行日常管理监控和预警，并最终从卖方视角设计退出方案，最大化退出收益（参见图2）。

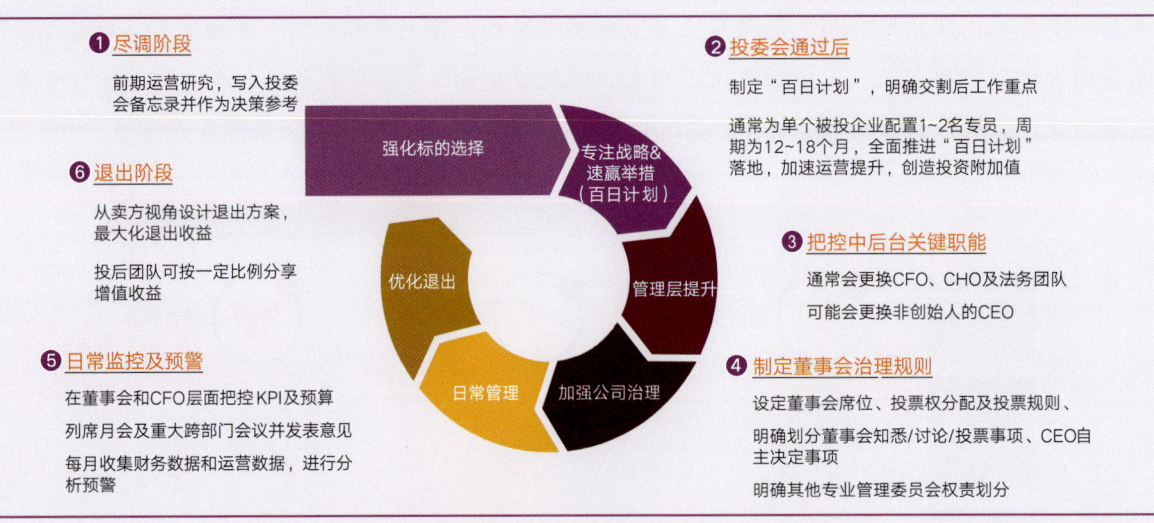

图2 某全球领先另类资管机构投后管理及价值创造框架

（资料来源：BCG分析）

• **多抓手综合助力政府客户**

资管机构还可以深入赋能政府客户，在帮助地方政府在实现资金有效增值的同时，实现发展地方产业、对外招商引资、保证人民安居乐业等实体经济发展目标。

领先国资背景的资管机构具备赋能政府的领先实践。例如，国内某本土创投集团担任政府引导基金管理人，支持地方产业升级。其帮助政府引导资金投向符合国家和地区产业规划的战略性新兴产业。在这一机构的有效管理下，政府引导基金大量支持本地企业发展，在解决企业融资需求的同时，也极大地增强了当地对创业企业落户的吸引力。

此外，这一机构还参与发行和管理人才租赁住房REITs，助力地方人才安居乐业。其下属不动产基金管理公司曾先后担任全国首两单人才租赁住房REITs的主要发起者，同时承担总协调人、财务顾问和基金管理人等职责，帮助政府盘活存量资源，充分发挥人才住房作为扩大开放、招商引才政策工具的作用。

- **深度运营推动重大长期基建项目**

资管机构还能够通过构建实物资产运营能力推动重大长期基础建设项目，助力实体经济发展。某全球最大的另类资产管理公司尤其擅长于不动产、能源、基础设施等实物资产投资。其凭借"运营能力+金融能力"形成"运营+资管"双轮驱动模式，即不仅是这些项目的资本投资人，还是这些不动产持续经营的运营商。这家公司尤其善于在动荡中完成大规模、多业态、具有"反转效应"的复杂交易，标杆项目包括众多重大、复杂、长期基建项目。

公司的实物资产运营能力主要体现为端到端运营能力，其整合工程技术、成本管控、租户代理等各环节的领先资源，实现全价值链的资产运营能力，有利于识别并消化困境资产（参见图3）。在研策环节，公司能够根据地块条件、消费者需求、市场趋势等对项目进行重新定位，提升项目发展潜力。在开发环节，公司严格控制开发项目风险，通过规模经济以及发掘各项成本费用合理压缩空间降低开发成本费用。在建设环节，公司根据定位匹配项目规划设计方案，通过新兴科技、前沿理念解决工程技术、产品设计上的难题。在招商环节，公司与全国性大型连锁品牌建立紧密合作关系，精准匹配招商资源，及时进行租户腾挪，以提升出租率及租金水平。在管理环节，其重新组建物业管理团队，搭建数字系统、运营平台监管物业运营情况，通过积极管理提升资产价值。

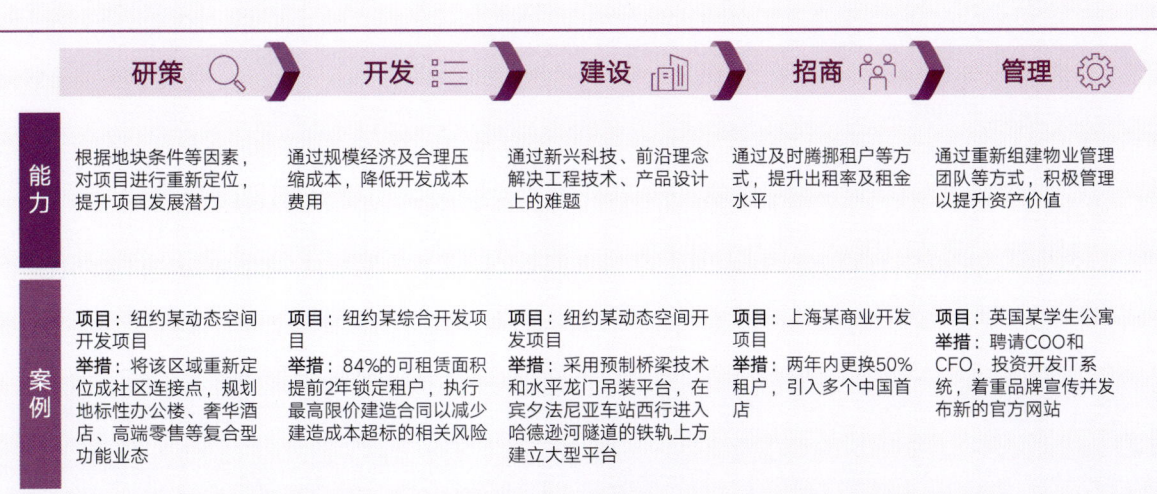

图3　全球领先资管机构整合工程技术、成本管控、租户代理等各环节的领先资源，实现端到端的长期资产价值提升

（资料来源：公开资料检索、BCG分析）

> 专题五

海外养老体系良好实践

• **中外养老体系比较**

根据世界银行的定义，一个国家的养老体系可以分为五大支柱，即在通常所说的"三支柱"的基础上，增加非缴纳性质的"第零支柱"及非金融性质的"第四支柱"。[①] 其中，对于缴纳性质的三大支柱而言，养老金还可以根据缴费模式分为完全积累制（也称缴费确定制，即Defined Contribution，简称DC）与现收现付制（也称待遇确定制，即Defined Benefit，简称DB）。五大支柱的核心特征、概念解释与对应的中外养老金现状如表1所示。

表1 养老体系五大支柱含义及中外对比

养老支柱	核心特征	概念解释	中国	德国	日本	美国
第零支柱	非缴纳性质	由政府出资，向所有老年人提供的一定的养老保障	全国社保基金	—	—	—
第一支柱	强制性公共养老金	法律强制缴纳的公共养老金，由当期工作人口缴纳，支付给当期退休人口，通常采取DB模式	基本养老金	法定养老保险、农民养老保险、公务员养老保险、特定职业养老保险	公共养老金，包括国民年金、厚生年金	美国社会保障计划，包括老年保障、遗嘱保障、残障保障等
第二支柱	雇主发起式职业养老金	由企业雇主或政府雇主与个人共同缴纳的职业养老金，存入账户并累计投资收益，以DC模式为主	企业年金、职业年金	企业补充养老金	企业补充养老金计划，包括DC计划、DB计划、中小企业退职金共济制度、一次性退职金支付制度	各类职业养老金，包括DB计划、DC计划［其中以401（k）为主］

[①] 罗伯特·霍尔茨曼，理查德·欣茨. 21世纪的老年收入保障：养老金制度改革国际比较［M］. 北京：中国劳动社会保障出版社，2006.

续表

养老支柱	核心特征	概念解释	中国	德国	日本	美国
第三支柱	自愿性个人养老储蓄	由个人自愿设立账户、采用DC模式并获得税收优惠与投资收益的个人养老储蓄计划	以税收递延型商业养老保险为代表的个人商业养老产品、养老理财、养老目标基金	吕库普养老保险、里斯特养老金、非税收优惠个人自愿养老保险	个人养老金计划，包括iDeco计划、NISA	个人储蓄养老金计划，包括个人退休账户（IRA）、其他商业养老保险
第四支柱	非金融性质	泛指各种非金融性质的养老支持，如家庭赡养、社区服务、医疗支持等	—	—	—	—

注：德国养老体系于2004年由传统的"三支柱"模式转变为"三层次"模式。
资料来源：公开资料检索、BCG分析。

从规模上看，中国养老金体量较小，距海外国家仍有较大差距（参见图1）。美国的养老金规模庞大，且增长稳健。根据OECD数据，美国养老金计划资产占GDP的比例由2010年的119.2%大幅增长至2020年的169.9%。日本和德国长期以来面临较大的养老压力，然而其养老金资产占GDP的比例也高于中国，2020年占比分别为30.1%和8.2%。2020年，中国养老金资产占GDP的比例为2.2%，过去十年间增幅较小，未来亟须加快养老第二支柱、第三支柱建设。

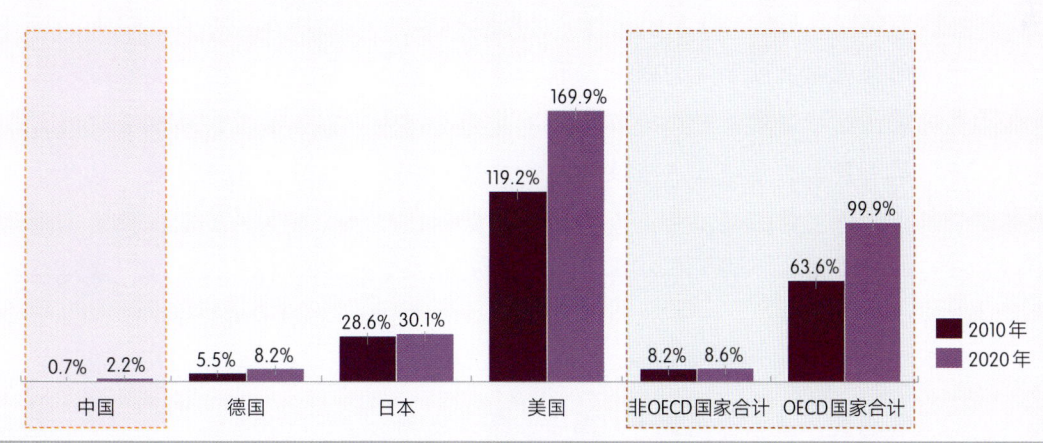

图1 中国养老金体量较小，距海外国家仍有较大差距

（资料来源：OECD、*Pension Markets in Focus 2021*、BCG分析）

从结构上看，中国以第一支柱为主导；日本第一、第二支柱占比均衡；德国第一、第三支柱发达；美国则结构均衡（参见图2）。

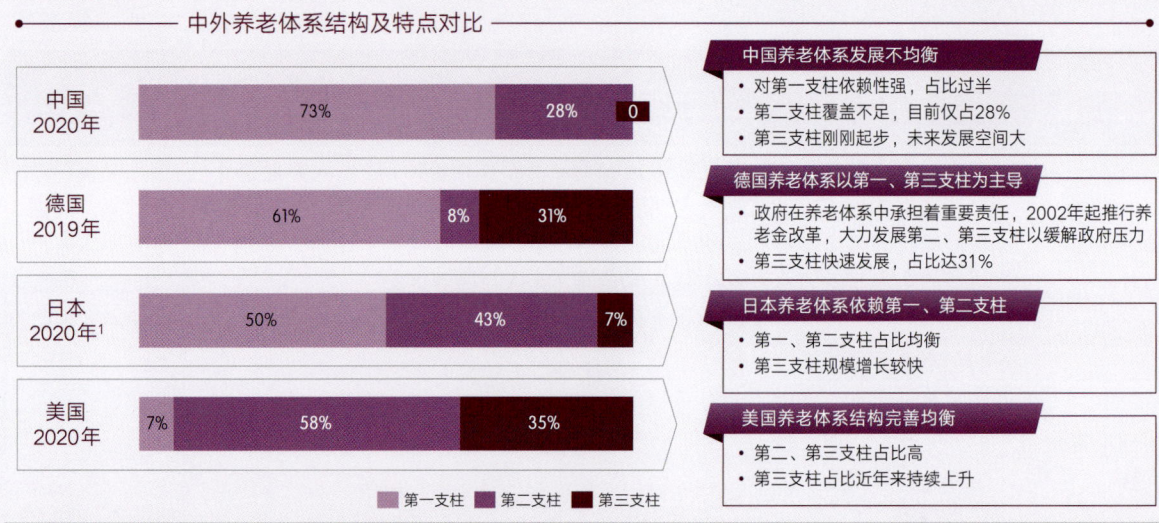

图2　中国养老体系第二支柱覆盖不足，第三支柱尚处于起步阶段

（资料来源：中金公司研究部、中信证券、信达证券、德国联邦统计局、BCG分析）

中国养老体系仍主要依赖第一支柱，第二支柱覆盖不足，第三支柱尚处于起步阶段。2020年，中国第一支柱占比达73%，第二支柱占比近28%。

德国是欧洲大陆传统福利国家，政府在养老体系中承担着重要责任，过去养老体系长期以第一支柱为主导，这对中国有较大的参考意义。2002年德国政府为弥补养老金缺口、缓解压力，开始推行养老金改革，大力发展第二、第三支柱，先后推出里斯特计划和吕库普养老金，并于2004年将养老体系由"三支柱"模式调整为"三层次"模式。"三层次"模式根据各层次对被保人养老生活保障的程度以及可享受的政府福利程度进行划分。第一层次为享受政府税收优惠政策的基本养老保险，包括法定养老保险以及吕库普养老保险。第二层次和第三层次则旨在提升养老质量，其中第二层次为享受政府税收优惠和直接补贴优惠的补充养老保险，包含企业养老金以及里斯特养老保险，第三层次为个人自愿养老保险。经过二十年的改革，德国养老体系从过去第一支柱独大转为第一、第三支柱共同主导，2020年占比分别为61%和31%，减缓了社保养老金的支付压力。

日本与中国同样面临较大的老龄化压力，且储蓄率高于欧美国家，因此对中国养老体系建设同样有较大的借鉴意义。日本养老体系以第一、第二支柱为主，2020年占比分别为50%和43%；第三支柱规模增长较快，2020年占比为7%。在第一支柱中，为了解决早期由政府主导养老金投资所导致的养老金亏损问题，厚生劳动省于2001年4月成立了日本政府养老投资基金（GPIF），建立市场化运营体系集中管理国民年金和厚生年金，并且逐步提升股票配置比例，目前已经成为全球第二大公共养老基金，规模超1.7万亿美元。[①]在第三支柱中，日本为缓解公共养老金压力，分别于2001年和2014年设立个人缴费确定型养老计划iDeCo和具有税收优惠的个人储蓄账户

---

① OECD，截至2020年末。

NISA，随后在覆盖人数和规模上都发展迅速。

美国养老体系结构完善均衡。其中，第二、第三支柱占比较高，2020年分别达58%和35%，且第三支柱占比近年来仍在持续上升；第一支柱占比仅为7%。

- **中外第二支柱养老金管理体系和投资情况比较**

在开展模式上，中国企业年金更类似DB，海外养老金计划逐步由DB模式转向DC模式。近年来，由于DB计划对雇主管理的高复杂性以及投资回报不确定性带来的财务压力，海外国家中DC代替DB的趋势日益显著（参见图3）。日本第二支柱过去长期由DB主导，占比始终维持在95%及以上，近年来DC计划快速增长，占比由2010年的2%增长至2020年的5%。美国DC计划占比自2010年以来不断提升，由56%增长至2020年的64%。

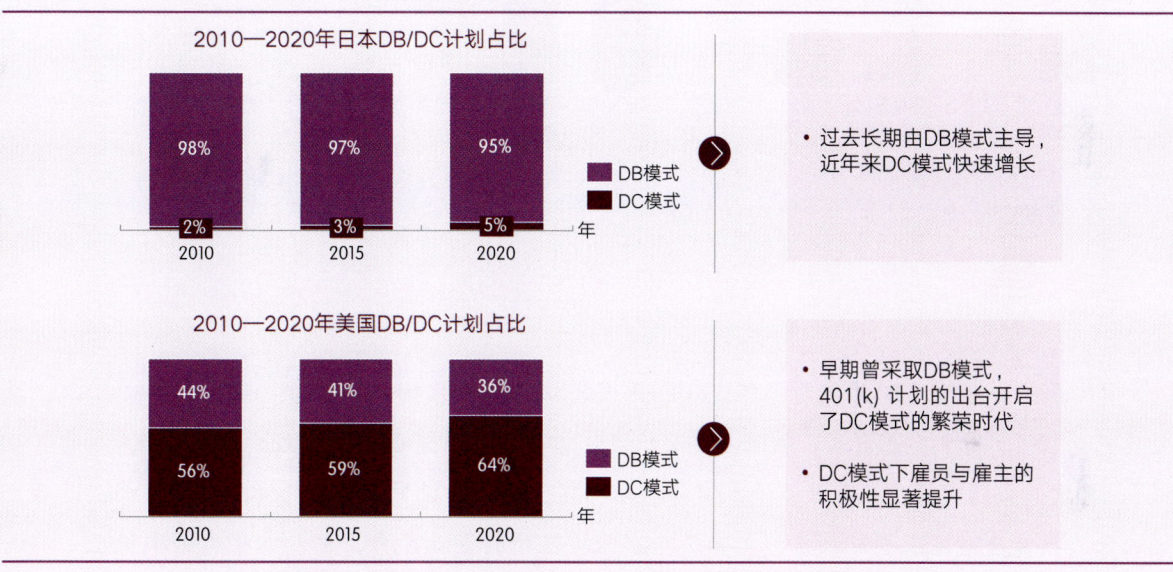

图3　开展模式：养老计划逐步由DB模式转向DC模式

（资料来源：Thinking Ahead Institute, Wills Tower Watson, Global Pension Assets Study 2021；BCG分析）

在美国，401（k）计划的诞生推动了DB模式向DC模式的转变。美国的职业养老金在发展早期曾经采取传统的DB模式，即确定待遇的现收现付制，以企业缴纳为主。自20世纪70年代起，随着老龄化程度的加深，DB模式面临入不敷出的困境，给众多雇主带来繁重的支付压力。1981年的美国《税收法》新增第401条的k条款，即401（k）计划，开启了DC模式的繁荣时代。对雇主来说，DC模式能大大减轻支付压力，提高雇主的积极性。在DC模式中，雇主和雇员共同向账户定期缴纳养老金，同时累计投资收益。DC模式只固定缴纳费用，不承诺养老待遇。对雇员来说，DC模式在工作变动、提取方式、投资决策上的灵活性更高。首先，随着雇员的工作变动，DC计划可以随之转移，解决了DB模式中常见的难以提取养老金的困难。其次，DC模式让雇员在退休时有权利选择一次性提取或定期提取，而DB模式一般默认为定期提取。最后，DC模式中的雇员有权利自主进行投资产品选择，自担风险和收益，而DB模式通常只能由雇主以专户委托形式委外管理。在一系列优惠政策和机制辅助下，DC模式下雇员与雇主的积极性均明显提高，以401（k）计划为代表的养老金计划快速普及，个人资金源源不断进入养老市场。

在资产配置上，中国企业年金配置较为保守，以固收为主；海外市场大量配置权益类资产并增配另类资产（参见图4）。

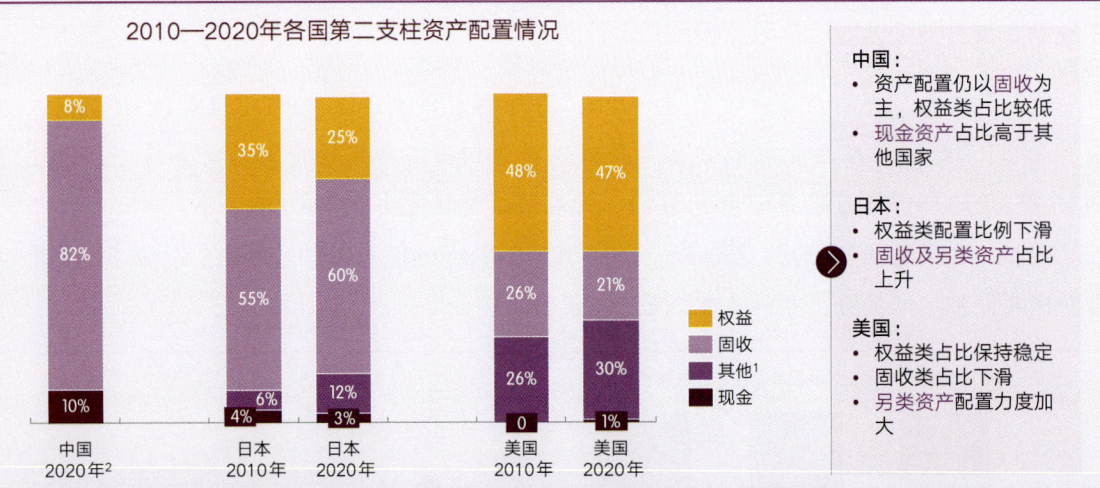

图4 资产配置：中国企业年金配置较为保守，以固收为主；海外市场增配另类资产

（资料来源：人力资源和社会保障部；Thinking Ahead Institute, Wills Tower Watson, Global Pension Assets Study 2021；BCG分析）

中国企业年金资产配置较为保守。2020年固定收益配置比例高达82%；而权益类仅占8%；现金资产为10%，高于其他国家。原因主要有三点：首先，监管层面权益类投资占比存在40%的"红线"；其次，中国市场牛短熊长，资本市场波动明显，权益类投资收益率易受到不良影响；最后，国内企业投资普遍追求稳健收益，尤其是具有保障性质的企业年金，更看重收益的平稳性。

日本第二支柱养老金配置同样较为保守。2020年固定收益占比达60%，权益类占比仅为25%。日本养老金近年来加注另类资产，配置比例由2010年的6%上涨至12%。

美国第二支柱资产配置则较为激进。2020年权益类占比达47%，固定收益仅占21%。近年来另类资产逐渐受到青睐，配置比例由2010年的26%提升至2020年的30%，主要源于以下三点：第一，全球低利率环境下，另类资产成为增厚投资收益的重要来源；第二，另类资产投资期限长、流动性低、投资收益高的特点能够匹配养老金作为长期资金的投资要求；第三，另类资产与传统资产相关性较低，有利于分散组合风险、降低波动率。

此外，目标日期基金遵循下滑曲线（Glide Path）动态调整组合资产配置，契合个人投资者的养老投资需求，在美国养老金投资中被广泛应用（参见图5）。目标日期基金根据指定的目标退休日期，随时间推移进行预定资产再配置。通常随着目标日期的临近，基金会重新平衡其投资组合，以减少对增长的关注，转而更多地关注收入。2020年美国目标日期基金中，通过养老账户持有的规模占比达85%，DC计划持有的规模占比也高达67%。目标日期基金在美国快速发展的另一主要驱动因素是"合格默认投资工具"（Qualified Default Investment Alternatives，QDIA）

机制。2006年，美国《养老金保护法案》提出了QDIA机制，即雇主在雇员无投资决策时，可在告知雇员30天后代表雇员将养老金投资于经过严谨筛选和监控的合格投资工具中，则雇主可以从投资亏损中免责，从而增强雇主的积极性与主动性。QDIA中最主要的三类产品是：以目标日期基金为代表的生命周期产品、以目标风险基金为代表的平衡型产品以及管理账户。QDIA机制促进了DC计划中目标日期基金的投资，美国持有目标日期基金的401（k）参与者人数占比由2007年的26%迅速提升至2019年的60%，401（k）计划持有目标日期基金资产规模占401（k）计划总规模之比也由2007年的8%上涨至2019年的31%。

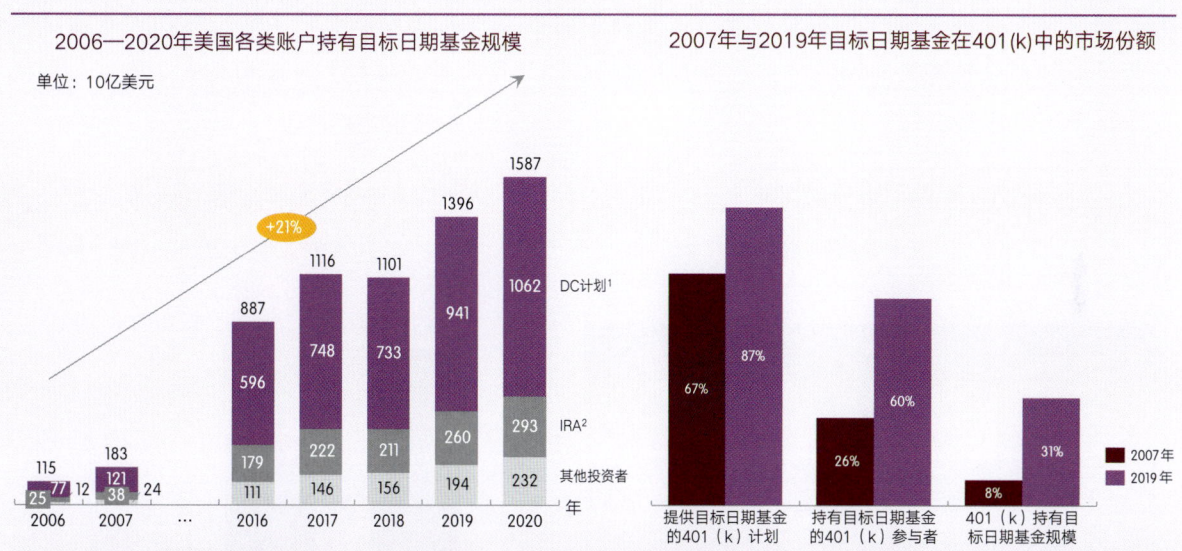

注：1. 包括401（k）计划、其他非401（k）的私人部门DC计划、403（b）计划和457计划。
2. 包括传统IRA、罗斯IRA和雇主支持IRA（SEP IRA、SAR-SEP IRA和SIMPLE IRA）。

图5　目标日期基金契合养老投资需求，受QDIA机制驱动，自2006年起在DC计划中迅速发展

（资料来源：ICI、BCG分析）

在生态体系上，中美企业养老管理体系结构相似，但参与者不同。中美第二支柱养老金体系均由受托人或投资顾问、账户管理人、投资管理人、资金托管人构成，但不同角色的具体组成及职责有所差异（参见表2）。

表2　中美第二支柱体系四大角色的参与机构类型对比

养老支柱	受托人或投资顾问	账户管理人	投资管理人	资金托管人
职责	筛选、评估及统筹其他三大角色，并提供资产配置、产品选择等投资建议	养老账户日常运营维护	提供专户投资管理服务或标准投资产品	资产分配、交割与清算
美国参与者	独立第三方投资顾问机构，如美世、罗素	资管机构	资管机构	银行
中国参与者	银行、保险、信托	机构种类繁多，但以银行、保险为主	大型公募、保险资管和少量券商资管	银行

资料来源：BCG分析。

在竞争格局上，中国以保险系资管为主导，美国独立系资管机构优势明显。美国市场中独立系资管机构地位领先，2020年美国前十大DC管理人中独立系资管机构占据前四席，第一大独立系管理人管理的DC计划规模是第一大保险系管理人管理规模的近三倍（参见图6）。在养老第二支柱中，如何提供有竞争力的定价、确保产品收益表现、进行有效的投资者教育对于获得投资顾问及其背后客户的青睐十分重要。独立系凭借全面、深入的养老相关服务和优异的投资能力，成为最大的企业年金业务提供者。投资顾问发力首席外包投资官（OCIO）模式，亦成为市场中有力的竞争者（参见图6）。2021年全球OCIO服务提供者中投资顾问占比过半，达53%。投资顾问身处整个养老资管价值链的核心，具备整合各类投资管理诉求的禀赋，因此近年来以罗素为代表的部分领先投资顾问机构正向着成为OCIO的商业模式转型，为机构投资者提供定制化的一揽子解决方案。

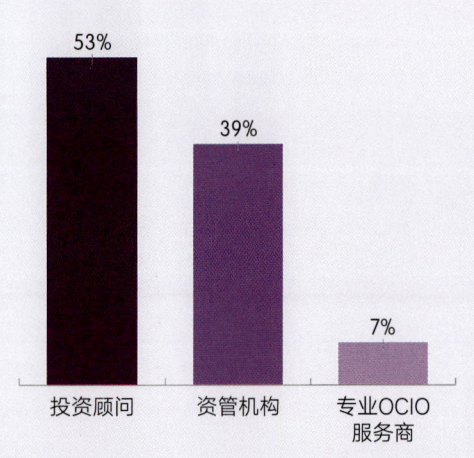

美国独立系资管机构优势明显

2020年美国DC市场中资管机构排名

单位：10亿美元

排名	机构	DC AUM
1	Vanguard	1736
2	BlackRock	1206
3	Fidelity Investments	1036
4	T. Rowe Price	612
5	Nuveen	563
6	Capital Group	523
7	State Street Global Advisors	464
8	Prudential Financial	288
9	J.P. Morgan Asset Management	270
10	Northern Trust Asset Management	217

海外投资顾问凭借OCIO模式抢占有利地位

2021年全球OCIO服务提供商构成

投资顾问 53%；资管机构 39%；专业OCIO服务商 7%

注：统计资管机构管理美国DC机构客户资产规模。数据截至2020年12月31日。

图6 竞争格局：美国独立系资管机构占据优势；投资顾问发力OCIO，亦成为有力竞争者

（资料来源：Pensions & Investments、BCG分析）

• **中外第三支柱特点和投资情况比较**

海外国家结合自身国情建立起各具特点的第三支柱机制（参见表3）。德国与日本的养老体系早前都以第一支柱为主导，为了缓解养老金支付压力，两国于21世纪初推行个人养老金制度改革，通过税收优惠、直接补贴等形式推动第三支柱发展，目前已取得一定成效。德国第三支柱以养老保险为主，这主要是因为德国民众投资偏好较为保守以及市场长期负利率环境。日本则建立起多层次的双账户第三支柱体系，在覆盖所有劳动者的iDeCo计划之上推出适合入门者且覆盖20岁以下人群的小额免税个人投资账户NISA，全方位鼓励居民进行养老储蓄投资。美国第三支柱建设起步较早，在个人养老账户（IRA）的驱动下迅速发展，目前已较为成熟。

表3 海外第三支柱主要计划类型及特点比较

项目	德国	日本		美国
主要计划类型	里斯特养老金	个人DC计划iDeCo	具有税收优惠的个人储蓄账户NISA	传统个人养老账户（IRA）
激励政策	EET与直接补贴	EET	TEE	EET（罗斯IRA为TEE）
投资范围	保险合同、银行储蓄合同、基金储蓄合同和里斯特住房储蓄合同	上市公司股票、投资信托、担保投资、定期储蓄	上市公司股票、投资信托、ETF、REITs	自主配置各类金融资产，不允许投资人寿保险或收藏品
产品准入	满足认定资格的银行、保险、基金公司或德国住房互助储金信贷社都可以提供里斯特产品	纳入国民年金基金协会核准名单的金融机构所提供的产品	合格金融产品机制，可投产品主要为权益类	采用负面清单限制

资料来源：BCG分析。

在激励政策上，海外主要采用两类税收优惠政策，即EET模式与TEE模式，以此提高个人缴纳养老金的积极性。美国传统IRA采用EET模式，罗斯IRA则采用TEE模式；同时设置提前支取惩罚机制，一方面帮助雇员更好地进行退休生活的财务规划，另一方面也能确保养老资金的长期导向（参见表4）。德国为推广个人养老计划，在税收优惠政策的基础上还提供直接补贴。第三支柱中最主要的里斯特养老金在税收优惠上采取EET模式，缴费阶段可以抵税的私人投保额以及国家补贴的总额最高为2100欧元；投资阶段所有投资收益均免税；给付阶段需缴纳全额税款。与此同时，里斯特养老金还针对不同人群提供直接补贴，包括基础补贴、子女补贴、特别补贴，每年补贴金额至少为175欧元，最高达2100欧元。日本iDeCo和NISA分别采用EET和TEE模式。值得注意的是，日本资本利得税较高，iDeCo和NISA均免收资本利得税，从而提升了居民投资积极性。

表4 以美国IRA为例，海外两大主要的税收优惠模式

模式	税收优惠			提前支取惩罚
	缴费阶段	投资阶段	给付阶段	
传统模式（EET模式，即免税—免税—征税模式）	缴纳金额可以税延至给付阶段再缴纳所得税	投资收益可以税延至给付阶段再缴纳所得税	给付时缴纳缴费阶段与投资阶段所得税	若59.5岁之前提取，需先缴纳缴费阶段与投资阶段递延的所得税，并另外缴纳提取金额10%的惩罚税
罗斯模式（TEE模式，即征税—免税—免税模式）	缴纳金额不可抵扣应税收入，仍需缴纳所得税	投资收益免税	给付免税	若59.5岁之前提取，或缴费未满5年，需另外缴纳提取金额10%的惩罚税

资料来源：BCG分析。

在投资范围上，以美国为例，IRA的投资范围基本与证券账户投资类似，可选择范围广泛。在投资去向上，共同基金仍是最受欢迎的资管产品（参见图7）。同时，由于低费率以及被动策略愈发受到认可等因素影响，被动类投资受青睐度提升，拉动"其他类"资管产品占比升高。

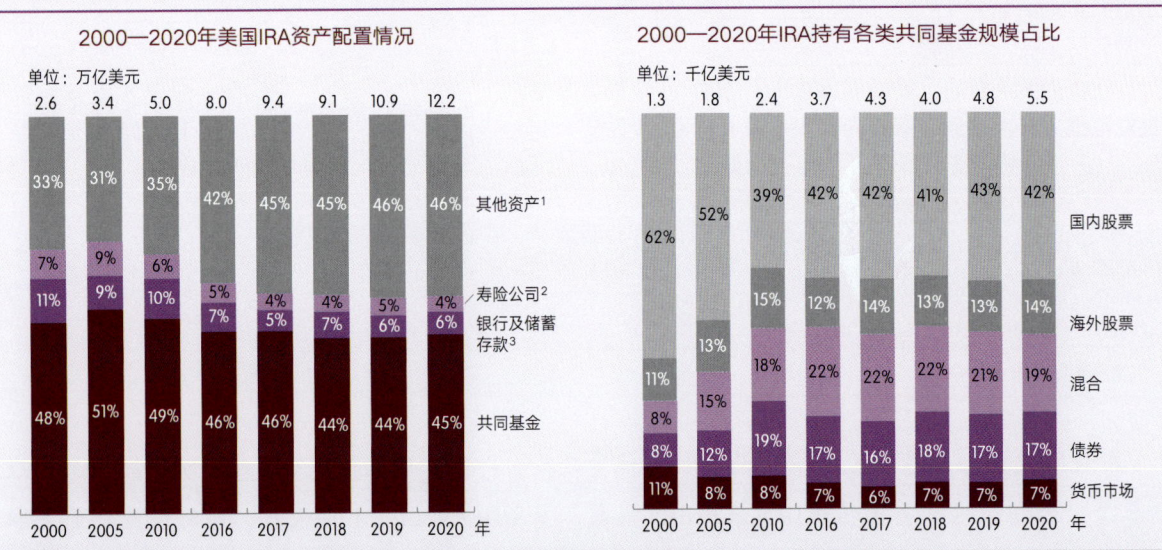

图7　共同基金与被动投资受IRA青睐，持有基金类型保持稳定

（资料来源：ICI、BCG分析）

回望中国，2022年4月个人养老金制度重磅出台，标志着中国第三支柱发展即将进入新阶段。中国个人养老金制度明确实行个人账户制度并由国家制定税收优惠政策。账户投资范围涵盖符合规定的银行理财、储蓄存款、商业养老保险、公募基金等运作安全、成熟稳定、标的规范、侧重长期保值的金融产品，能够满足不同投资者的偏好，参加人可自主选择。第三支柱的发展将为资管机构带来巨大的资金增量，资管机构养老业务蓄势待发，未来可以从产品供给、客户教育、账户服务、生态经营等多方面发力，把握机遇。

附录

关于作者：

张旭阳　先生　中国光大银行首席业务总监 / 光大理财有限责任公司党委书记 / 董事长

潘　东　女士　光大理财有限责任公司总经理

宫　飞　先生　光大理财有限责任公司研究数据部行政负责人

何大勇　先生　波士顿咨询公司（BCG）董事总经理 / 全球资深合伙人 / BCG金融机构专项中国区负责人

刘冰冰　先生　波士顿咨询公司（BCG）董事总经理 / 全球合伙人

赵鸿宇　先生　波士顿咨询公司（BCG）董事经理

致　谢：

感谢参与本报告研究和撰写的光大理财研究数据部周鑫强先生、股票投资部滕飞先生，上海恺讯企业管理咨询有限公司，以及BCG中国区金融机构服务团队，包括咨询顾问杨光先生、许怡嘉女士、何苗女士。此外，光大理财法律合规部行政负责人白冬先生、产品市场部周瑜智女士、BCG董事经理李洋先生、项目经理成卓民先生、咨询顾问刘意先生、资产管理专题全球专家Andrea Walbaum女士和Anselm Heil先生、BCG GAMMA团队专家Ankit Pagaria先生和Sonali Maheshwari女士也为报告的撰写提供了极具价值的建议和支持，也感谢詹慧女士和柴茁女士为本报告编辑、排版和发行所做的贡献。

感谢中国财富管理50人论坛的学术指导，感谢银行业理财登记托管中心、中国银行业协会、中国保险资产管理业协会、中国证券投资基金业协会给予的支持和帮助。

同时，衷心感谢每一位在报告研究和制作过程中接受访谈或提供帮助的学者、专家、同事。

关于光大理财：

光大理财成立于2019年9月，是股份制银行中首批获准筹建、首家获准开业、首家成立的银行理财子公司。光大理财始终秉承创新发展精神，自2004年推出国内首只人民币理财产品以来，通过投资模式的不断创新和投资管理能力的持续提升，保持良好的品牌效应和市场影响力，引领国内银行业理财市场。2004年至2021年末，光大银行及光大理财累计发行理财产品超37.11万亿元，为投资者创造收益近4012亿元，并获得"银行理财公司金牛潜力奖""年度卓越专业理财公司""责任投资最佳资产管理机构"等多个奖项，2021年光大理财以优异的经营业绩及金融服务的责任担当，荣获中国金融工会全国委员会授予的"2021年全国金融五一劳动奖状"。

光大理财作为光大银行财富管理战略的核心载体，坚持资产管理和财富管理相融合，不断拓宽理财业务边界，加强产品、渠道、投研、风控、科技等自身能力建设，以实际行动助力金融供给侧结构性改革，支持直接融资体系发展，以良好的经营业绩更好地回馈广大投资者。截至2021年末，光大理财产品管理规模达1.07万亿元，当年为投资者创造收益超过320亿元。

如欲了解更多信息，请扫描下方二维码：

光大理财官方微信

关于波士顿咨询公司：

波士顿咨询公司（BCG）与商界以及社会领军者携手并肩，帮助他们在应对最严峻挑战的同时，把握千载难逢的绝佳机遇。自1963年成立伊始，BCG便成为商业战略的开拓者和引领者。如今，BCG致力于帮助客户启动和落实整体转型，使所有利益相关方受益——赋能组织增长、打造可持续的竞争优势、发挥积极的社会影响力。

BCG复合多样的国际化团队能够为客户提供深厚的行业知识、职能专长和深刻洞察，激发组织变革。BCG基于最前沿的技术和构思，结合企业数字化创新实践，为客户量身打造符合其商业目标的解决方案。BCG创立的独特合作模式，与客户组织的各个层面紧密协作，帮助客户实现卓越发展，打造更美好的明天。

关于波士顿咨询公司中国金融机构专项：

BCG服务中国市场已经超过二十年，在金融服务专题，尤其是资产管理领域占据了领导地位。BCG不仅拥有完备的资产管理专家全球网络和全球资产管理专业数据库，而且连续十九年发布全球资产管理报告。本报告是BCG发布的第七份中国资产管理报告，BCG依靠全球经验和对中国市场的洞察，提出高度可操作性的建议，为客户创造了切实的价值，受到客户的高度赞赏和市场的充分肯定。

如需获得有关BCG的详细资料，请发送邮件至：GCMKT@bcg.com。

如欲了解更多BCG的精彩洞察，请扫描下方二维码：BCG波士顿咨询；ID：BCG_Greater_China；或"BCG洞察"小程序；或BCG微信视频号。

BCG官方微信　　BCG报告集锦　　BCG微信视频号

过往六年报告内容回顾：

中国资产管理市场2020
扬帆启航、破茧成蝶、时代机遇、争创一流

1. 2020年市场回顾：扬帆启航，中国资管行业加速实现转型

    1.1 整体市场：稳中有进、量质同升

    1.2 机构端：转型加速、分化延续

    1.3 资金端：增长稳健、结构稳定

    1.4 产品与资产端：全面增长、创新加速

    1.5 疫情对全球资管市场的影响：强势复苏、可持续发展

2. 理财公司一周年回顾：破茧成蝶，积跬步以至千里

    2.1 理财公司发展历程与运行情况

    2.2 十问十答，理财公司成立一周年回顾与展望

3. 资管行业"十四五"展望：时代机遇，把握新周期十二大发展机会

    3.1 资金端：把握居民财富重配置、养老体系建设、跨境资金、产业及政府战略资金四大机会

    3.2 资产端：把握权益、被动、另类、绿色四大机会

    3.3 商业模式：以客户为中心，数字化驱动，围绕零售端探索资管与财富融合，围绕机构端打造解决方案，围绕政府与企业端建立"投资+赋能"能力

    专题一：发达市场资管机构如何助力经济转型

4. 行业发展探讨：争创一流，打造多元化、综合化资产管理集团

    4.1 什么是资管机构的多元化、综合化？

    4.2 资管机构为何要多元化、综合化？

    4.3 资管机构如何实现多元化、综合化？

    专题二：全球财富和资管科技领域并购与私募股权投资最新趋势

中国资产管理市场2019
数字时代、生态经营、投研再造、体系制胜

1. 市场回顾：监管引导行业规范转型，资管市场已经重新起航
   1.1 监管：强监管方向不改，实施节奏优化，引导模式统一
   1.2 市场：转型期重拾增长，养老加速入场，被动业务爆发
   1.3 竞争：洗牌期加速分化，行业竞争加剧，外资重新布局
   专题一：疫情之下，资管机构应对之道与投资使命再思考
2. 数字时代：四化叠加触发模式升级，数字化开启新课题新机遇
   2.1 四化叠加，诠释数字化复杂内涵
   2.2 时不我待，资管机构数字化升级正当时
   2.3 继往开来，数字化开启新格局与新课题
   专题二：他山之石，国际资管巨头的数字化雄心与路径
3. 生态经营：客户生态孕育各类机会，模式创新实现开放共赢
   3.1 零售生态：投顾驱动转型，新生态与新手段创造无限前景
   3.2 机构生态：以客户为中心，四类切入点打造解决方案模式
   专题三：养老市场，如何抓住二三支柱的巨大机遇
4. 投研再造，数字基因植入投研体系，数字资产孕育全新价值
   4.1 打造体系化投研能力，释放人才与数据潜能
   4.2 数字化驱动智慧投研，重塑端到端价值链
   4.3 数字资产创造新价值，进化行业数据能力
   专题四：被动爆发，替代主动趋势初现但挑战仍在
5. 体系制胜：数据与科技中台建设，数字化组织适变应变
   5.1 大中台建设，数字化体系的基石所在
   5.2 数据与技术，铸就两大核心数字能力
   5.3 数字化组织，大象起舞制胜智能时代

中国资产管理市场2018
尘埃落定、以终为始、差异制胜、协同发展、科技突破

1. 尘埃落定：2018资管新规落地，行业转型持续深化

    1.1 监管：资管新规尘埃落定，配套细则密集出台

    1.2 市场：行业规模首次下滑，业务结构显著变化

    1.3 竞争：机构增速全面下降，行业集中度有所回升

    专题一：银行资产管理业务的转型和发展动态

2. 以终为始：明确使命、目标、机遇，中国资管行业再出发

    2.1 使命：支持实体经济和企业发展转型、满足居民财管需求、助力解决养老痛点

    2.2 目标：力争打造具备全球化竞争能力的世界一流资管机构

    2.3 机遇：应用金融科技引领中国资管行业弯道超车

    专题二：中美养老体系比较及对中国资管机构的启示

3. 差异制胜：从海外成熟市场经验中探寻中国资管机构差异化方向

    3.1 总结海外经验，借鉴五大制胜模式

    3.2 结合自身禀赋，打造差异发展定位

    专题三：解决方案型商业模式介绍

4. 协同发展：从海外领先集团良好实践中探索中国集团化发展之路

    4.1 明确现状问题，识别集团协同机遇

    4.2 海外集团为鉴，探索中国协同路径

    专题四：财富管理与资产管理业务的协同

5. 科技突破：运用科技引领资管行业创新变革

    5.1 积极拥抱科技，展望未来智能时代

    5.2 重塑价值链条，打造适配支撑体系

中国资产管理市场2017

回归本源、动能转换、市场广阔、格局重塑

1. 回归本源：2017，中国资管市场转型元年
   1.1 监管体系重塑，行业转型大幕拉开
   1.2 市场增长停滞，机构发展态势分化
   专题一：美国货币基金打破刚兑的历史经验

2. 动能转换：新规前后中国资管市场内涵和发展逻辑发生本质变化
   2.1 市场动力转变，从"泛资管"到"真资管"
   2.2 行业生态重塑，七大体系全面转型
   专题二：银行理财的前世今生

3. 市场广阔：规模增速先抑后扬，结构调整带来巨大机遇
   3.1 市场增速换挡，两大阶段先抑后扬
   3.2 业务结构调整，十二大机会点显现
   专题三：资管新规推动中国财富市场深刻转型

4. 格局重塑：三大要素推动中国零售、机构市场差异格局
   4.1 成熟市场为鉴，三大要素影响格局
   4.2 竞争格局演进，零售机构差异发展
   专题四：海外资管市场与中国资管市场结构差异比较

中国资产管理市场2016
繁荣持续、隐忧凸显、溯本清源、转型发展

1. 繁荣持续：百万亿凸显地位，强监管规范市场

    1.1 市场：规模再创新高，112万亿元、28%年化增长

    1.2 产品：固收高权益低，货基、私募发展迅速

    1.3 机构：投资压力攀升，加风险保收益，中小机构繁荣

    1.4 监管：加强联合出击，防风险、重规范

2. 隐忧凸显：拉低融资效率，积累金融风险

    2.1 "三高"投资：高杠杆、高期限错配，高风险偏好

    2.2 特色生态：嵌套繁多，通道难消

    2.3 五大根因：少、同、短、刚、分

3. 溯本清源：聚焦发达国家资管市场的特点和经验

    3.1 美国：资本市场发达，养老贡献长资金，银行保险独立系三足鼎立

    3.2 欧洲：功能监管原则，机构客户为主导，银行保险系培育资管巨头

    专题一：美国应对银证保资管混业创新的功能监管经验

4. 转型发展：下一步中国资管行业发展的思考与建议

    4.1 资本市场、资管产品、资金管理，三层架构各司其职

    4.2 市场条件、监管制度、资管机构，共创持续健康发展

    专题二：银行委外的正确打开方式

中国资产管理市场2015
前景无限、跨界竞合、专业制胜、回归本源

1. 前景无限：展望中国资管市场规模及五大增长动力
   1.1 资产管理发展具有重要意义
   1.2 市场规模和驱动因素
   专题一："资产荒"倒逼资管机构转型创新
2. 跨界竞合：洞察中国资管市场三大发展趋势
   2.1 资金来源
   2.2 资产类别
   2.3 资管机构
3. 专业制胜：聚焦四种主流资管业务模式
   3.1 全能资管
   3.2 精品资管
   3.3 财富管理
   3.4 服务专家
   专题二：互联网和新技术带来资产管理业务创新
4. 回归本源：完善三大资管制度
   4.1 打破刚性兑付
   4.2 资本市场与资管产品建设
   4.3 完善立法与监管